「古い樫の木に棲む妖精たち……」

THE LITTLE PEOPLE OF THE BRITISH ISLES:
Pixes, Brownies, Sprites, and Other Rare Fauna
by Paul Johnson
First Published 2008 AD
This edition ©Wooden Books Ltd.,2008

Japanese translation published by arrangement with
Bloomsbury Publishing Inc. through The English Agency (Japan) Ltd.
All rights reserved.

本書の日本語版翻訳権は、株式会社創元社がこれを保有する。
本書の一部あるいは全部についていかなる形においても
出版社の許可なくこれを使用・転載することを禁止する。

リトル・ピープル

ピクシー、ブラウニー、精霊たちとその他の妖精

ポール・ジョンソン 文

藤田 優里子 訳

フレイヤとダヌの御名のもと、
女神たちのご加護があらんことを……

妖精たちは災いをもたらし、かつ癒す。
薬草や植物、石、鉱物の効力、
鳥や獣に、あらゆる生けるもの、
四大元素に星、恒星、
すべてを知る者なり。

ロバート・バートン著『メランコリーの解剖学』(1621年)より

もくじ

はじめに	*1*
むかしむかしのことでした……	*2*
今も残る魔法の力	*4*
世界の境をさまよって	*6*
第二の視力	*8*
白く泡立つ清流と泉	*10*
ほとばしる水の世界	*12*
湖の女主人	*14*
砂と泡	*16*
魅惑の洞窟	*18*
魅力的な山の洞	*20*
自然の森	*22*
密集した低木	*24*
樹木と葉	*26*
緑のガリトラップ	*28*
谷間や渓谷、低地	*30*
ホロウ・ヒルの扉	*32*
星の女王	*34*
霧のたちこめた草原	*36*
ぬかるんだ沼地	*38*
畑や農場を跳ねまわるもの	*40*
暖炉への敬意	*42*
魔法の庭	*44*
ごきげんよう	*46*
リトル・ピープル辞典	*48*

「イチイの木がゆっくりと位置を変えるとき、楡は悲しみ、樫は怒り、柳は歩きだす」
サマセット地方の古い言い伝え

はじめに

　イギリス諸島で頻繁に目撃される妖精は、英語でリトル・ピープルとも総称される。その秘密は、遠い昔から人びとを大いに悩ませてきた。古くから語り継がれてきた昔話に登場する彼らに、多くの人びとが心を動かされ、自然のなかでその姿をちらりとかいまみてきた。彼らの正体をとらえようとするとき、たとえば歴史というものがそうであるように、その正体は様々な衣装で飾り立てられてきた。その衣装は、人間たちの目から逃れようとしたリトル・ピープルの魔力によって織りなされたものでもある。魔法は、今なおわたしたちの目を、眩（くら）ませている。

　すっかり忘れ去られてはいるが、こうして魔法にかけられて、そのヴェイルに魅了されつづけているということが、現在もリトル・ピープルたちが人間とのつながりを保ち、しかも固い絆（きずな）で結びついているという喜ばしい証なのだ。

　時代をさらにさかのぼり、このイギリスという国の緑の大地へと深く踏み入るほどに、リトル・ピープルたちの存在はリアルなものとなり、かつてわたしたちの生活の一部となっていたことがわかる。わたしたちの先人は、大地の恵みを収穫し自然のなかで生きてきたが、そのなかでリトル・ピープルたちと共存し、素朴な暮らしの一部として、彼らを受け入れてきた。彼らは産業革命時代の訪れとともに、わたしたちの目の前から消え去った。しかし、わたしたちが自らの愚かさに気づき、真に大切なものを求めるようになれば、またここに戻ってくるにちがいない。

　多くの人びとがリトル・ピープルを分類しようとしてきた。だが、その試みは彼らの魔法にまどわされて、その棲家の様子や性質について紹介するにとどまっている。

　入門書をこえる道しるべとなるようにという思いで、わたしはこの小品にとりくんだ。小さく瞬（またた）いては旅人をまどわす光ではなく、しっかりとした灯火（ともしび）を携えて。

　　　　　　　　　　　　　　　　　　　　　エレイド島にて　ポール・ジョンソン

むかしむかしのことでした……
視(み)る力を失って

　伝説によると、地球の四方から、海を越えてイギリス諸島に人類が渡ってくる以前、島じまのいたるところに、人間よりもかなり背の低いリトル・ピープルの先祖となる種族がいたという。彼らは長命で用心深く、やがて、大地の秘密に通じるようになった。そして、彼らは自然の完全な一部となり、それを親しく知り、万物を命あるものとして受けとめるようになった。生まれながらに授けられた能力のなかでも、彼らは自然のもうひとつの姿、この世界の向こう側にある繊細な自然を見る力にすぐれていた。彼らは、わたしたちの先祖のうちで、そのような能力をもつ最後の種族であった。みずみずしい生気や成長が感じられる、自然のなかに存在するものすべてが、彼らには見えるのだった。動物や人間のはかない魂も同様である。彼らは山谷に脈打つ大地の脈動を感じることができた。そして、ストーン・サークルや石塚、古墳、太古に信仰を集めた寺院などを観察して、大地のエネルギーの通り道や、それが集中するポイントを探し当てたのだ。

　最初に海を越えてきた一族が残した数少ない物語では、彼らの先祖の話や、隠されたものを見通す力を人間に伝える方法について語られている。古い散策路や由緒ある場所をそぞろ歩くと、わたしたちにもこの力がよみがえってくることがある。そのようなとき、かつてのようにわたしたちも、自然のもうひとつの姿を見出すことができるのだ。

　伝説に語られているような超自然の力を授かることで、リトル・ピープルは生きつづけ、キリスト教への改宗の時代を生きのびた。彼らの姿を見ることはほとんどなくなってしまったが、今日では、色のついたオーブ［写真にうつる、小さな水滴のような光球］や、山や谷などを陽気にとびまわる大地の光(アースライト)というかたちで姿を現すことがある。ただ、気をつけてほしい。その光は妖精の国へと導いてくれるが、やみくもに追ってゆくと、やっかいな世界に足を踏み入れることになりかねないのである。

今も残る魔法の力

魔法、いたずら、そして姿なき音

　アイルランドでは、妖精にまつわる物語が豊かに語り継がれている。「惑わす者」を意味する"Foidin Seachrain"という表現があるが、それは昔から知られていて、何気なく彼らの魔法がかけられた聖なる土地に迷い込んでしまったときによく起こる。魔法によって道に迷った人間は、戸惑いながらまったく見当ちがいの方角へ進んでしまう。混乱して、それが正しい方角であるかのように感じてしまうのだ。見慣れた目印は見つからず、小道や道しるべも消えてしまう。季節までもが変わってしまう。

リトル・ピープルの種族のほとんどが、よろこんで、この類の悪戯をしかける。現代になっても、わたしたちの感覚を狂わせ、道に迷ったものをさらに遠くへと光で導くのを楽しんでいるのだ（ときには家に戻れなくしてしまう）。こうして惑わされた人間は、いろいろな名で呼ばれている。ピクシー・レッド、ピスキー・レッド、パック・レッドゥン、ブーク・レッドゥンなど、すべてピクシーに導かれた者を意味している。

この魔法を解く方法のひとつが、上着を裏返しに着ることだ。

　ときに、人間が魔法の土地や彼らの世界に迷い込んでしまうと、彼らの姿をかいまみることがある。とはいっても、それは瞬きするあいだのことではあるが。実際、こうした聖なる土地は、自然のもうひとつの姿への入口、土地に棲みついている彼らに出会う窓口となっているのだ。

世界の境をさまよって
美の境界

　河川や清流、丘、森、山脈、荒野など、物質界における変化に富んだ自然は、人間界とリトル・ピープルの世界との境の役割を果たし、このふたつの世界が交錯する場とも考えられている。いにしえの人びともそうしたように、土地は囲い込んで仕切られていった。藪や生垣、フェンス、壁、路地、木戸、門などをつくり、人間が分割することで、この土地と、かつて、リトル・ピープルたちとわたしたちが調和しながら存在していた場とを隔ててしまった。

　土地の境界はかつて、その地形と一致していた。そして、妖精たちの通り道やその棲家を、敬意をもって避けていたものだった。人びとは「妖精の通り道」や彼らの聖なる地には、家を建てたり、道路を敷いたり、何かを建造しようとは決してしなかった。そんなことをしたら、大きな不幸がもたらされると考えられていたのだ。今でも、アイルランドではそう信じられており、そのルールが守られている。

　自然なものにせよ、人間によって作られたものにせよ、こうした境界線をまたぐことは、妖精たちの世界に足を踏み入れることであり、古代の小丘や古墳、塚、立石、円形に立てられた木材、岩山などには、今も世界中からリトル・ピープルたちの土地との境を散策しようと、多くの人びとが訪れている。このように異質な世界が交錯する場所は聖なる土地であって、ふつうの人は近寄らない。

　そして、これは忠告でもある。彼らの土地に入るということは、彼らの支配下に入るということでもあるのだ。汚れない目的をもつ者にしか、敬意ははらわれず、親切にもてなされることもないのである。

第二の視力
透視する力、聖なる科学

　人間の能力を超えた透視の力によって、妖精の国をかいまみるという昔話は数多く残されている。スコットランドで知られているように、「第二の視力」にはさまざまな側面があるが、もっとも重んじられたものは、妖精の国をつねに見とおす力だ。この力をもつ者はめったにいない。だが、心の正しい者には、この力の一部が授けられることがある。

　彼らの姿を見たいと願う人たちは、もうひとつの世界をかいまみようとして石を集める。川床などにある、自然に穴があいた石である。その穴から妖精が見えるというのだ。また、四葉のクローバーは彼らの古くからのシンボルであって、それを見つけると類(たぐい)まれなる幸運がもたらされるといい、ときに妖精の姿が見えるようになる。その葉だけを成分にして、妖精の姿を見るための魔法の軟膏(なんこう)がつくられる。これを眼にぬると、つねに、妖精の国が見えるのだという。

　また、時間がよければ、その土地を行きかう彼らの姿を見ることができる。もっともよい時間帯は、一日のうち、四つの時間(日の出、正午、日の入り、真夜中)であり、とくに、昼と夜の時間が等しい日、つまり春分や秋分の夜明けや、夕暮れどきの光のなかでよく見られる。彼らを見るには、春分と秋分だけではなく、夏至と冬至もよく、また、これら古い異教の四つの祝日の中間に位置する日はとくによい。

白く泡立つ清流と泉

ピクシー、ニクシー、そしてシリー・スプラッシュ

　リトル・ピープルたちはみな、水を崇めている。だが、ピクシーほどに大きな喜びを感じているものはいないだろう。彼らは水を崇拝し、水のなかでたわむれることを好む。いにしえの泉や井戸にはリトル・ピープルが祀られていることがよくある。彼らはこのような場所を守る用心深くて、知恵のある番人なのだ。

　金銭やピン、ボタン、牛の乳、チーズなど何か価値のあるものを供えると願いがかなう、病が癒されると今でも信じられている。実際、古い泉はすべて、願いを成就させ、癒しをもたらす。

　時を経るにしたがって、多くの泉や井戸はその名を変えてしまったため、本来の持主とのつながりが失われてしまった。だが、泉のそばの木にリボンを結び、リトル・ピープルたちを崇めるという伝統は今日でも残っている。とくに夏至のころには、古い泉のまわりで、彼らが踊る姿がいたるところで見られるだろう。

　冬至を過ぎて、最初に井戸からくみあげられた水は、水のクリーム、または水の花と呼ばれていて、ピクシーに祝福されているため、魔力がとくに強い。この水は良い結婚、美、健康、魔法を使った飛翔の力を高めることができ、たいていはリトル・ピープルについての伝承を知る者に与えられる。

　1年のうち、四つの祝日（夏至、秋分、冬至、春分）に草の葉から集められた露も、彼らによって、とくべつに祝福されているため、癒しの効果が期待できる。

　雨の日に耳を澄ますと、泉のまわりでピクシーたちの甲高い笑い声が聞こえるかもしれない。井戸や泉が新鮮な水で満たされたことを喜ぶ声である。

ほとばしる水の世界

河川のにぎやかな住人

　女の精霊ニクシーと男の精霊ニクスは、大陸ヨーロッパの川の精霊ウンディーネと深い関係がある。どちらも古くから存在が知られており、伝説も残されていて、たいていは若くて美しい人間の姿で現れる。そして、どちらも同じつとめや力をもっている。

　彼らは姿を変えるすぐれた能力があり、長い時間、変身したままでいられる。女の精霊は優雅な魚の尾をもつ姿に、男の精霊は馬の姿を好む傾向がある。どちらも体の一部、あるいは、全身の姿を変えることができる。水の下に広がる小妖精たちの世界の番人で、この土地を訪れる人びとにいつも付き添っている。

　ニクシーとニクスはふつう、人間には害を及ぼさない。しかし、彼らの棲んでいる水、常に変化しつづける水に心を乱されたときには、この不用心な者たちを混乱させ、水で全身を包みこんで、引きずり込んでしまうことでも知られている。

　彼らは人間に愛情をいだく。昔話によると、彼らは配偶者として人間を選ぶという。また、悪ふざけが好きで、人を川に投げ落としたり、かつては、たまたま通りがかった馬によじ登ったりもしていた。魔力があり、現在と未来についてのどんな質問にも答えることができる。また、弦楽器のフィドルや竪琴の演奏を好み、才能豊かなものであれば、人間にも演奏を教えてくれる。

湖の女主人
月光に照らされた神秘の乙女

　満月の光のもと、星降る夜空が映るほど穏やかな湖上では、驚くほど美しいリトル・ピープルの一族が見られるかもしれない。水の精アスレイは、やさしい女性の姿をしている。何百年も生きながらえ、今なお美しい。緑青色の長い髪、足の指には水かきがある。

　コーンウォール地方の伝説では、満月の夜は「アスレイの夜」と呼ばれ、妖精たちは水面に出て、その輝く光を浴びながら、月と心をかよわせるという。その用心深さのため、アスレイはめったに姿を見せない。百年に一度にも満たないほどだが、水面に浮かび上がり、コオロギの鳴き声に合わせて、月の光のもとでダンスを踊る。マーメイド（人魚）とは遠い縁続きで、彼女たちも陸地では生きられず、太陽の光を浴びると溶けてしまう。ウェールズ地方に棲む一族には、グラゲーズ・アンヌーンがおり、湖に沈んだ街に棲んでいる。実際、内陸の湖には、その土地にまつわる神々となった妖精が棲んでいるものだ。

　多くの美しい精霊たちがそうするように、彼女たちはときに人間の男性を夫とすることで知られている。かぎられた期間だが、人間の世界で暮らしたり、人間の夫が彼女の世界にやってきて暮らすこともある。人間の感覚からすると、妖精の時間は永遠に近いため、アスレイの世界にやってきた男性は、ほとんど永遠の命を得たかのようになる。

　魔術に熟達しているため、彼女たちは人間に畏怖の念を起こさせるが、それでも、魔術は彼女たちの豊富な知識のごく一部にすぎない。

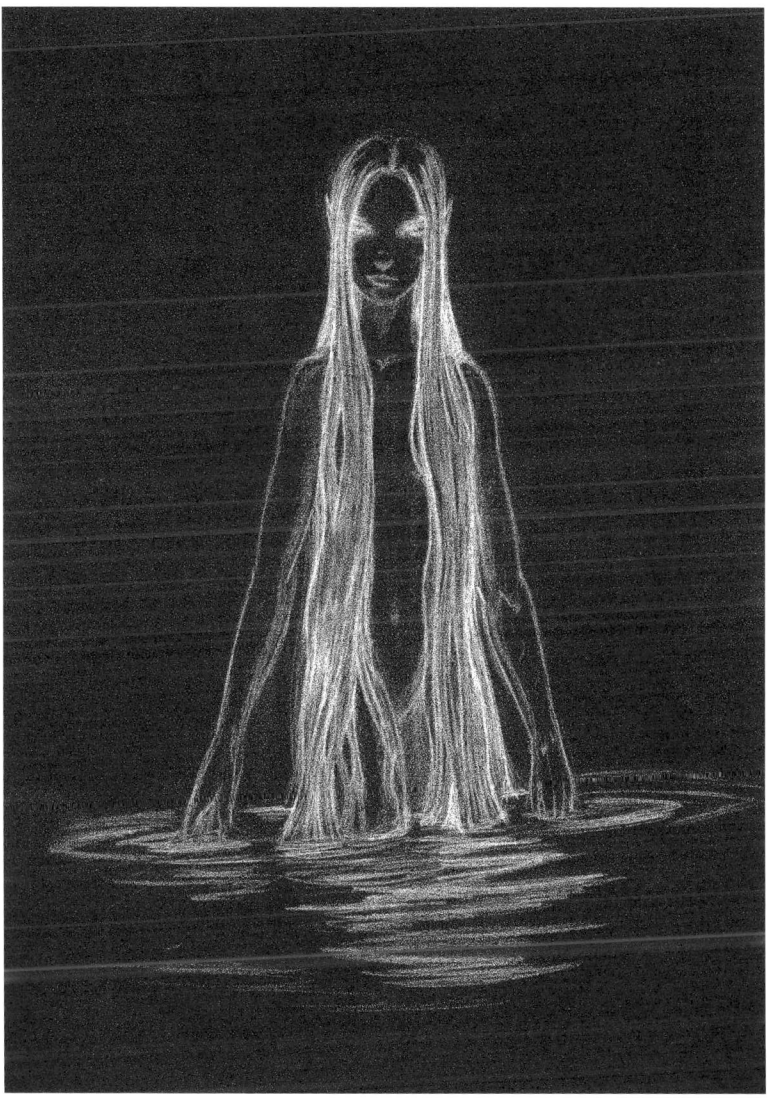

砂と泡

海や海岸の精霊

　海や海岸と深いつながりがある、善き隣人の妖精のなかでも、マーメイド（女性の人魚）やマーマン（男性の人魚）ほど知られているものはいない。

　上半身は人間で、虹色の魚の尾をもち、流れるような長い髪をなびかせ、手の指には水かきがある。人魚たちは海の天候をコントロールでき、嵐を鎮めたり、思うままに風を起こしたりする。

　水夫たちによって伝えられた物語では、マーメイドの輝くばかりの美しさや、ときに人間を配偶者として選び、水のなかや陸の上で二人で暮らすことが語られている。

　海中の岩に腰かけて、くしと鏡をもち、髪をすきながら歌うマーメイドの姿がときに見られる。彼女たちは、ハーブや癒しについての偉大なるいにしえの知恵をもち、予言の能力を手にしている。敬意をもって接すれば、願い事をかなえてくれる。また、姿を変えることもでき、しばしばアザラシや魚の姿に変身する。

　アイルランドのメローやモルアーは、イギリスのマーメイドと同じもので、波の下の国であるティール・フォ・ヒンに棲む。もっとも有名なものは鮭の尾をもち、西暦558年までアイルランドの海を泳いでいたというリー・バンだ[この年、人魚を捕らえたという記録が残っている]。また、人魚のなかには、大洪水のあと内陸にとどまって、イギリスの島じまの湖に棲みついたものもいる。

　幸運にも人魚を見ることができた人間が、彼らが望むように振舞うことができれば、不死という贈り物が与えられる。海の宝物が贈られることもあるという。

魅惑の洞窟

石や鉱石、貴金属の番人

　地下の奥、その内部の暖かい深みには、人間が想像するよりはるかに多く、幻想的な秘密の空間や道がある。そこはもっとも多くのリトル・ピープルが棲む世界で、数え切れないほどの種族が地下の国に存在している。

　コーンウォール地方のノッカーや、ウェールズ地方のコブラナイ（ゴブリン）、そしてスコットランドのブラック・ドワーフは、お互いが深いつながりのある種族だ。身長は30センチほど、今日ではめったに会えないが、小さな槌（つち）、つるはし、ランプという、昔ながらの鉱夫の衣装をまとった姿がかつては、目撃されたものだった。姿を見ることができるのは、幸運なものだけ。敬意をはらう者にはとても好意的で、鉱道のなかの豊かな鉱脈や、金属が埋まっている場所を騒々しくたたいて教えてくれる。山の地中深く、秘密の場所に埋められた宝物はもちろん、鉱石や金属、貴金属、宝石の鉱床がある場所をすべて知っている。鉱夫たちに落盤の危険を知らせたり、神の名を汚したり、口笛を吹く無作法な者の上には、岩石を降りそそぐことでも知られている。

魅力的な山の洞

地中深く棲む者たち

　方位磁針が示している四つの方角、北north、東east、南south、西westという名称は、異教の言い伝えに登場する4人の有名なドワーフ（こびと、古期ノルド語では dvergr）の名にちなんでいる。ノルズリ Nordri、アウストリ Austri、スズリ Sudri、ヴェストリ Vestri がそれであり、伝説によると、彼らは空の四隅を支えているという。

　地下世界の伝説的な鍛冶屋であるドワーフたちは、山の奥深くに棲み、魔法の鋳造術を施すため、鉱石や金属を採取している。未来を予言し、思うままに姿を変えることもできる。魔法の帽子、衣、ベルト、姿が見えなくなる指輪を身につけていることが多い。この一族の王国は山の内部、地下の深みにある。その地下の都市や宮殿は、人間の目には、はかりしれない価値がある宝物で溢れていると、物語には描かれている。

　リトル・ピープルの種族のなかでも、ドワーフたちは、もっとも恵まれた環境で暮らしてきた。抜け目なく人の目を避けていて、人間に対しては、かならずしも友好的とはいえないが、たしかな敬意をはらえば、悪いようにはされない。

自然の森

世界の境の森

　人の出入りしない森は、手つかずの土地の最後の緑の聖域であり、リトル・ピープルがもっとも多く棲みついている場所のひとつでもある。そして、彼らによって崇拝され、守られてもいる。森や林は、樹木や植物、花の精たちに支配されているが、これらの自然を司る精たちの故郷でもある。森は、偉大な母なる大地の神秘へといたる最後に残された入口なのだ。

　魔術が隠された森の深奥を探し求めても、最初は道に迷ってしまうだろう。妖精たちの助けがなくては、それを見い出すことはできない。だが、彼らが手を差しのべたとき、人は沈黙の壁をすり抜けて、その空間へと足を踏み入れる。そこは、はりめぐらされた魔法が解けてたしかであったはずの視覚があやふやになってしまう場所だ。森の深奥の近くには、妖精丘という、苔や草、草木でおおわれた小さな大地の隆起が見られる。強い力で守られたこのようなリトル・ピープルたちの世界への入口に供え物をすると、そのお返しに幸運を授けてくれることがある。名高いスコットランドのアバーフォイルにある妖精の塚は、牧師ロバート・カーク[17世紀の妖精研究家、妖精と交流を持ったとされる]が「知られざる国」に入った場所にある。彼は同名の書籍を著したが、ついに、妖精たちの棲む世界に移り住み、今でもそこに留まっているという。

　数種の異なる木々がからみあって成長することはまれだが、そのような木はとくに霊力が強く、リトル・ピープルたちにも崇拝されている。そのため、彼らの棲家や、ドリュアスという木の精たちの集会所になったりする。木の根元や洞に、牛の乳やバター、チーズ、オートミール、パンなどを供え、無心でいると、彼らの世界を驚くほどはっきりと見せてくれることがある（妖精たちは人間の食べ物を好むのだ）。

密集した低木

精霊と妖精たち

　木を棲家とするドリュアスなどのリトル・ピープルたちは、みな、お互いに協力し合っている。それぞれが棲家にして、あるいは自分が木の一部となって、樹木のそれぞれ固有な性質を守ってきた。妖精たちを正しくあつかえば、偉大な魔法の力や癒しの力を伝授してくれる。かつて樹木は宇宙の柱として崇められており、魔術によって天上界や地下世界を飛びまわるときは、古い樹木の力を借りたものだった。

　年老いたオークマンは森の番人で、がっしりとした体形の、力の強い、赤鼻のリトル・ピープルだ。樫の木の若木を世話する姿が見られることがあり、その木の根元ではオークレディが好んで

ダンスパーティーを開く。エルダー・マザーはエルダー(セイヨウニワトコ)の木の精で、その枝にはたくさんのリトル・ピープルが棲み、独特な魔術にも使われる。その枝からつくられた笛は、妖精をおびき出し、人がその小枝と実を編みこんだ頭飾りをつければ、妖精の姿を見ることができる。

　アッシュ・キー(セイヨウトネリコの翼果)はアシュマンからの贈り物だ。予言に使われ、枕の下にその葉を置くと、予知夢がもたらされるという。白いバーチ・レディは、かつてはたいへん崇拝されていて、カバの木材からは昔ながらのメイポール［五月祭に使われる、花やリボンで華やかに彩られた柱］が作られていた。土地の隅々にまで豊穣をもたらすというこのカバの木の精にあやかったのだ。アップルトゥリー・マンは果樹園でもっとも古い木で、そこに実るいちばん大きなリンゴは、コーンウォール地方ではアレンのリンゴと呼ばれている。新年にそのリンゴを手に入れると、豊穣と繁栄がもたらされるという。

樹木と葉
ホビットと洞

　森に棲む者のなかでも、めったに見られないのがホビットだ。リトル・ピープルを描いた文学作品にも、ほとんど描かれてこなかったが、この数十年、文学の世界でも復活を果たしたのは、うれしいことだ。多くの子孫がいるホブ一族に属しているが、ホブのほかの子孫たちと同じく、人間とのつながりをつくってこなかった。

　このことは、妖精の信仰で、キリスト教がもたらした「大分裂」として知られるものを反映している。この時代、妖精の一族から、ふたつの枝が分かれていった。ひとつのグループは、自分たちの土地が開発されたときに、人間にその愚かさをさとらせようとこころみることにした。もうひとつのグループは人間は放置しておき、まだ荒らされていない自然に自らの痕跡を残そうとした。

　ホビットは人間を嫌っているわけではない。ただ、人間から距離をおいて、森のなかでもっとも棲みにくく、人が近づかないようなところに棲んでいるだけだ。身長は90センチほどで、足が大きくかなり毛深い。彼らは用心深いが親切で、彼らよりはるかに昔から存在する自然の秘密に通じている。伝説によると、ホビットはホバニーの子孫だといわれている。ホバニーは、リトル・ピープルたちの王で、女王ハボンドの夫でもある。

緑のガリトラップ
喜びのダンス、ホップ、スキップ、トロット

　大地が四つの季節をめぐる1年のある特定の日々、リトル・ピープルたちが踊る、いにしえの豊穣を祝う魅惑的なダンスが見られることがある。才にめぐまれた者たちが奏でる音楽はうっとりとするほどで、ダンスは招かれざる者までをも虜（とりこ）にする。すばやく回転するダンスに加わり、大地にまるい痕を残した人びとは、気がつくと現世の時間で、7年が過ぎ去ったことを知ることになる。彼らがスキップした跡も、豊穣を生む聖なる場として、足跡はそのままにされる。リトル・ピープルたちがもたらす災いを恐れて、人びとがそこに立ち入ったり、耕したりすることは決してない。

　すべてではないが、古い異教信仰の多くが、リトル・ピープルの世界に由来しているといえるだろう。民間伝承は賢明であったり、ずる賢かったりもする妖精や魔法使いたちの物語を多く語り継いでいる。今もおこなわれている豊穣を祈る儀式やイングランドで五月祭に踊られるモリスダンスは、リトル・ピープルたちから伝えられた、古代の跳躍なのだ。

※ガリトラップとはピクシーがつくる輪のこと。

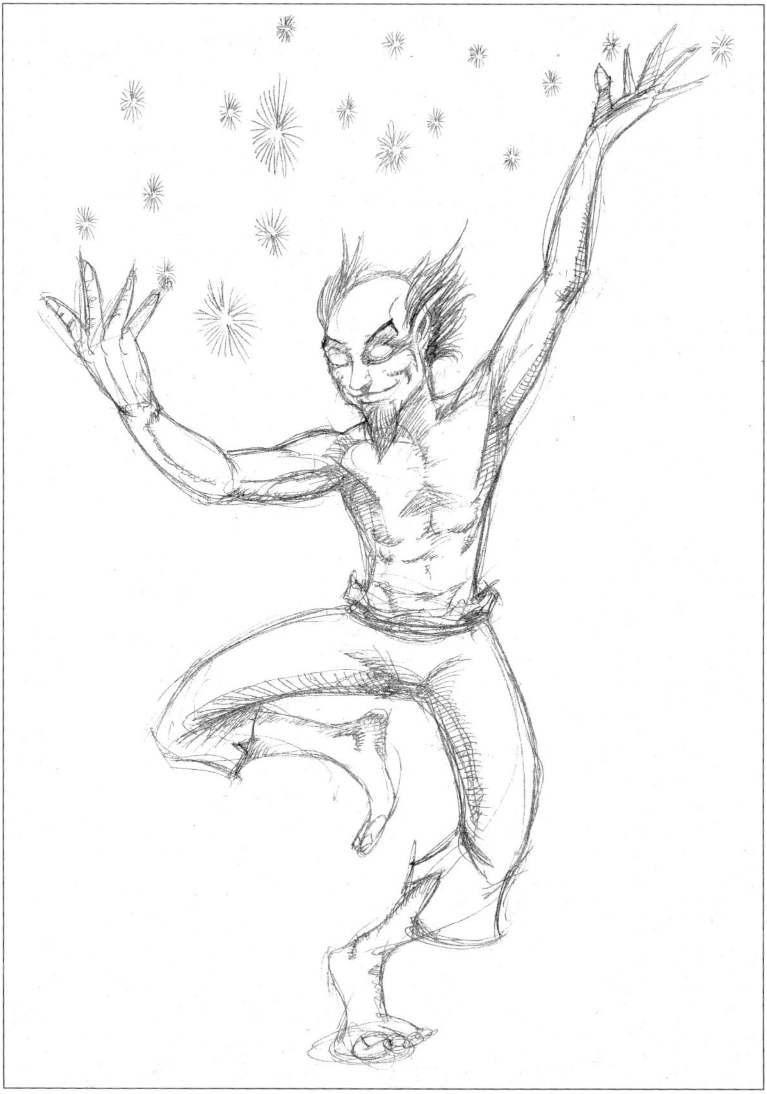

谷間や渓谷、低地
いたずら好きの大騒ぎ

　シェイクスピアが「夏の夜の夢」を書いたとき、彼はクム・プカつまり、パックの棲む谷から、インスピレーションを得たのかもしれない。この谷はウェールズ地方のブレコン山地にある魔法の谷で、自然の精霊(エサソン、プカなど)が棲むという。

　イングランドのパック、またの名をブーク、そしてアイルランドではプーカと呼ばれるものたちと、その一族であるウェールズ地方のプカ、彼らはみなシェイクスピアの時代から人気があった。彼らのお気に入りの遊びは、鬼火の一種であるウィル・オ・ザ・ウィスプのように、夜、旅する者を惑わすことだ。パックは気まぐれな奇術師、悪戯者で、自分たちの楽しみのためだけに、人間に悪ふざけをする。思うままに姿を変えることができ、馬や鷲、コウモリ、ラバにも姿を変え、仲間の妖精の姿にも変身できる。

　気の向くままに、どんちゃん騒ぎを繰り広げることもあるが、本来、プーカの魔法は正直な人間を助けて力になるため、そして悪意をもつ者の侵入を妨げるために使われていた。

　他の妖精の種族たちもそうだったように、こういった振る舞いは、「大分裂」の時代に手つかずの自然の元に帰ったものたちに特有のものであった。人から離れるほどに、ますます敬意を払われなくなり、そのため、本来の性格よりもずっと意地悪く、気難しく見られるようになったのである。

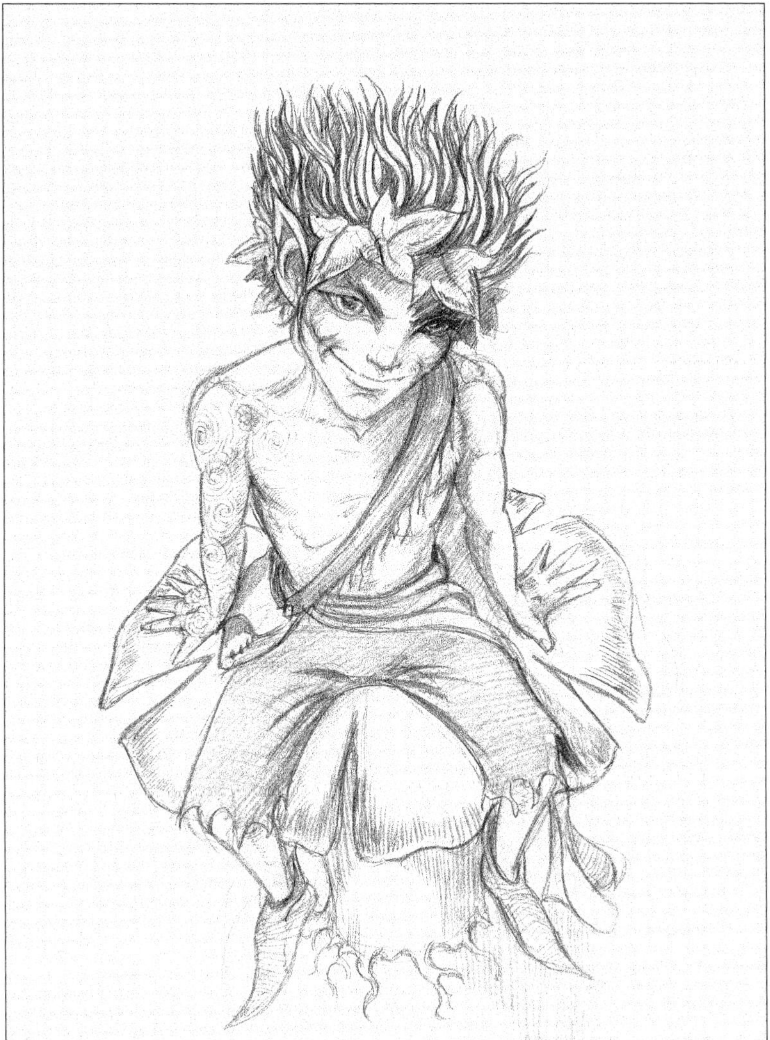

ホロウ・ヒルの扉
小丘のまわりで

　スコットランドやイングランド、ウェールズの古い小丘や古墳や、アイルランドのラース［古代アイルランドの土塁に囲まれた円形のとりで］も、リトル・ピープルと密接な関係がある。かつて古代部族の人びとは、そのような場所に埋葬されることもあり、その結果、彼らの魂はリトル・ピープルの世界へと迎え入れられたのだろう。

　聖なる祝祭日の前夜、満月の光のもと、これらのいにしえの場所では、真夜中に妖精たちのダンスパーティが開かれる。ダンスが終わると、リトル・ピープルたちは魔法の扉を通って、すばやく地下の世界に戻ってゆく。その扉は、最後のひとりが通り過ぎると、あっという間に閉じてしまう。詮索好きな者たちの目から、摩訶不思議にもその姿を隠してしまうのだ。しかし伝説が伝えるところでは、このような場所の周囲を9回まわり、正しい祈りのことばを唱えると、彼らの世界への扉があらわれて、わたしたちを迎え入れてくれるという。

　わたしたちが馴染んだ世界と、荒々しい自然の力との最後の境界線のいくつかは、山地や丘、小丘、いにしえの島じまの高地にある。そこには、妖精の一族がおおぜい棲みついている。アイルランドの初期の住人トゥアサ・デ・ダナーンは女神ダヌの臣下で、シーと呼ばれる小丘に棲むようになったが、このシーがのちにアイルランドの妖精の代名詞となった。バン・シーは小丘に棲む、優しくて優雅な女の妖精だったが、のちには人の生命の終わりを告げるためにむせび泣く女に人間の目には映るようになってしまう。もともとはすばらしい魔力をもっていて、輝かしい幸運や癒しをもたらし、人間たちの未来を予言することができた。美しく聡明で、ときに人間の男性を捕まえて、自分の伴侶としたという。

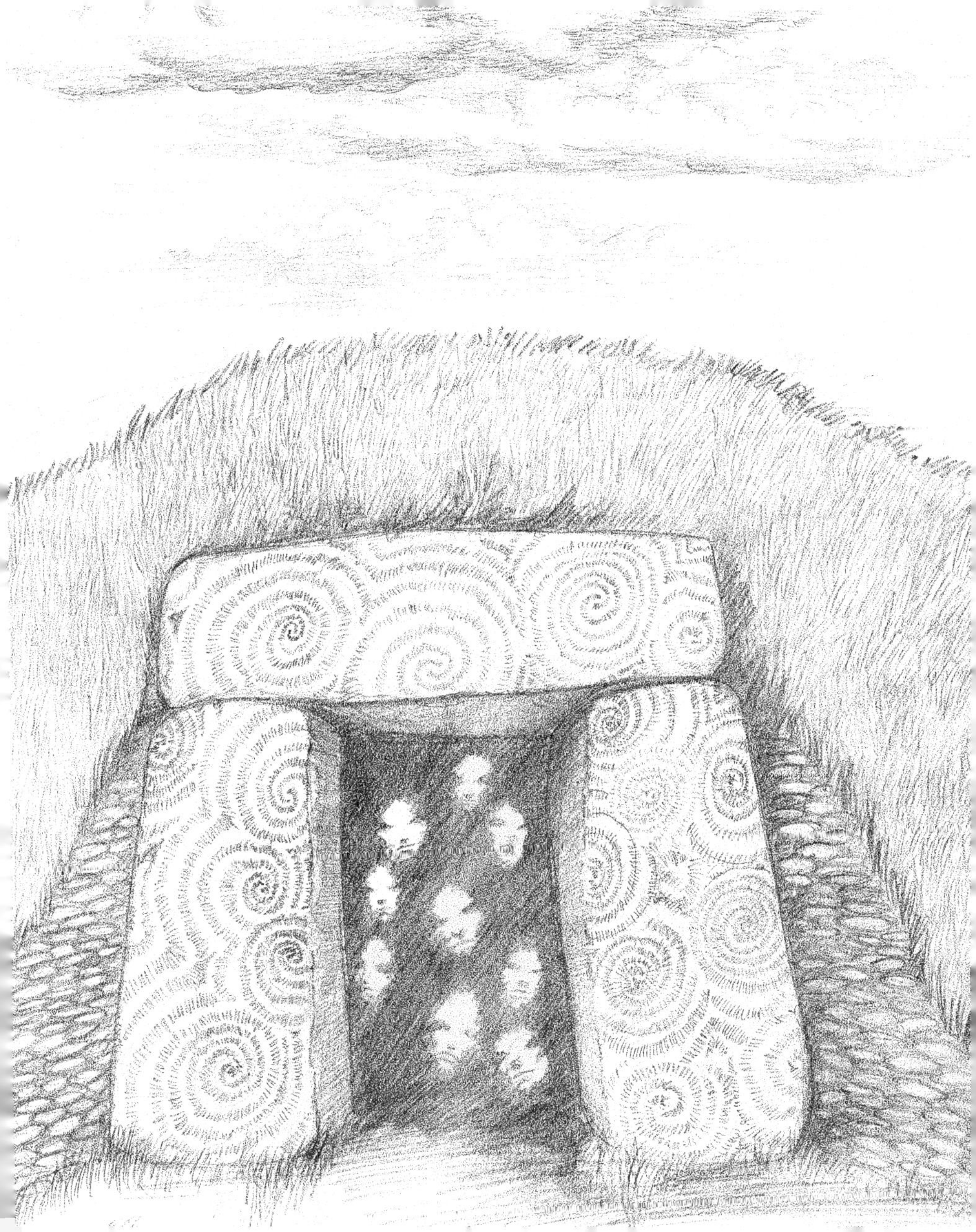

星の女王
魔法の国の女王、マッブ

　この世のものとは思えないほど美しい、この妖精の女王の姿を見た人間はほとんどいない。リトル・ピープルの一族にはそれぞれ女王がいるが、マッブはそのなかでもすべてのリトル・ピープルのシンボルとなっている。ほかの多くの妖精たちの女王がそうしたように、マッブも夫をもつが、それが妖精の王である(この王はオベロンだという説もある、52頁参照)。アイルランドでは、メーヴという名で通っており、いにしえの妖精の王と女王はすべて、異教の神や女神とみなされるようになった。

　真の詩人は、その多くがもうひとつの世界を視る能力を授かっており、ブレイクやシェリーも、その幻想的な作品で妖精の女王を描いている。実際、マッブの客人として多くの詩人が妖精の国を訪れた。妖精の国の食べ物を口にすると、人間の世界へとはもどれなくなるため、彼らは用心深くそれを避け、雄弁なスピーチ、おしゃれな衣装、現世での成功などの特別な贈り物を与えられ、無事の帰還を感謝したのだった。マッブをたずねた幸運な人間は他にもいる。13世紀の吟遊詩人トーマスや、騎士タム・リンもそのひとりである。ふたりともその名をとった妖精を主題としたスコットランドの古い物語歌謡(バラッド)の主人公である。

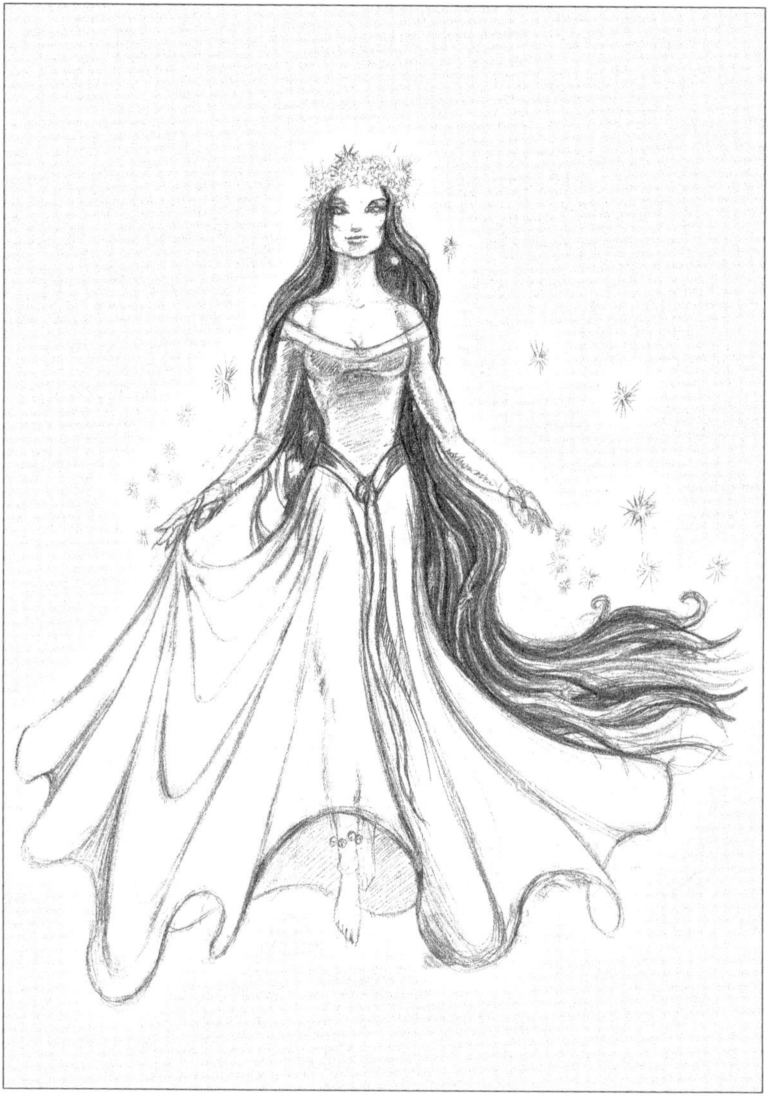

霧のたちこめた草地
レプラホーンの笑いが響く

　リトル・ピープルのなかでも、とくに広く知られているものといえば、アイルランドやスコットランド、ウェールズ、イングランド北部に出没する、レプラホーンをおいて他にはいない。いくつかのゲール語の語幹から、Lugh corpan（光のからだ）、Leith bhrogan（靴職人）、Luacharma'n（こびと）というように、その名の由来がうかがえる。

　レプラホーンは3センチから45センチほどの身長で、緑色の服に三つのとんがりのある帽子をかぶっている。年老いたしわくちゃな顔に髭を生やし、赤鼻で、目はきらきらと輝いている。彼らはたいてい、小さなかなづちを打ちつけて、せっせと靴を修繕している。隠された宝物のありかを知る唯一の番人で、幸運にも彼らを捕らえて、そばにとどめておくことができた人にだけ、その秘密を明かす。彼らのこづかい銭は虹のたもとの甕（かめ）にたくわえられている。彼らを出し抜こうとしてもほとんど見込みがない。自分たちを捕らえようとする人びとの目をくらまして、あちらこちらに悪戯をしかけるのだ。そして、笑い声だけを残して、またたくまに消え去ってしまう。ときに彼らは使っても使っても金が湧き出る魔法の財布「シリングの財布」を贈ることがある。

　レプラホーンの一族には、クルーラホーンがいる。外見はレプラホーンよりもましに見えるが、皮肉屋で一文無しをかこっている。自分たちの楽しみのためだけに、人間界で悪戯をしかけることで頭がいっぱいで、しばしばやりすぎる。彼らは盗品を好み、それに加えて食べ物やお金、とくに酒が大好きだ。いつものやりすぎが高じると、ついにはどんちゃん騒ぎを引き起こし、家のまわりや敷地内で、夜を徹して大騒ぎをする。

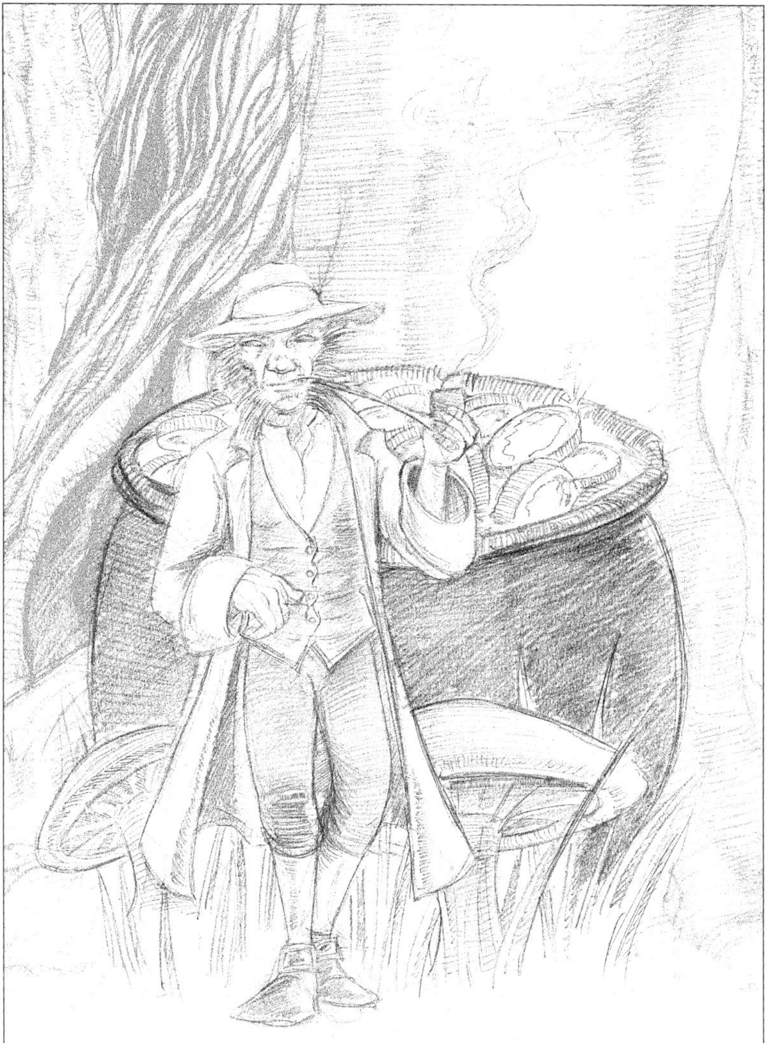

ぬかるんだ沼地

フーリッシュ・ファイアからリング・オブ・パワーまで

　もっともよく知られているリトル・ピープルの一族のうち、世界中でもっとも一般的に見られるのが、玉虫色に輝き、燐光を発するボールや、光のオーブとしてあらわれるものたちだ。彼らは水気のある場所や鉱脈が埋もれている場所を好み、そのあたりによくあらわれる。そして、あらゆる土地をまたいで、たいへんな距離を移動する。イングランドではウィル・オ・ザ・ウィスプ、アイルランドでは妖精の火（テイネ・シー）、ウェールズではエサスダン、スコットランドでは陽気な踊り手(メリー・ダンサー)と呼ばれている。

　彼らが好む遊びは、草むらやイバラの藪を越えて、長い距離にわたっ

て、夜の旅行者を惑わすことである。光を放ち、魅惑的にわたしたちを誘う。人間が何に惹かれるかをよく知っているのだ。わからず屋や冷酷な人は、ドブや泥沼に導かれてしまうことがある。だが、見識のある者の場合は、旅の終わりに多くの光があらわれ、美しい円を描くダンスを見ることができる。この光に導かれてゆくとき、旅人たちの気がそれると、光たちはパッと散って旅は終わり、集中がとぎれなければ、より親密な長い旅が続く。これらの光は、人をそれぞれ妖精の国へ、ときには埋められた宝物へと導いてくれる。数え切れないほどのリトル・ピープルの種族が、この光のきらめきに加わることがある。あたりを行き交い、すばやく回転しながら、さらに大きな輪になってゆく光の塊はとりわけ見る者を魅了する。それにしたがって旅することができるものは幸運である。

畑や農場を跳ねまわるもの
労苦と土壌

　農作業を手伝うブラウニーほど、人間との結びつきが強いリトル・ピープルはいない。はるか昔に過ぎ去った田園時代にふさわしいものたちで、農場まわりの仕事は、種を蒔（ま）く、鋤（すき）で耕す、作物を刈り入れる、穀物を粉に引くなど、骨の折れる作業のすべてを手伝ってくれて、おおぜいの男たちに匹敵するほどの働きをする。身長は1メートルほどで、粗野で毛深く、とても力があり、年老いたしわだらけの顔をしている。かつては各農場にブラウニーが棲みついていた。彼らは必要があれば手助けし、仕事をさぼる性根の曲がった怠け者の邪魔をしたりする。

　衣服を供えたり、ブラウニーのために誂（あつら）えたりすると、彼らは姿を消し、二度と戻ってこない。その代わり、クリームやオートミールで作ったオートケーキ、はちみつなどを毎日、家の中でも外でも彼らの気に入った場所に供えておくと喜ぶ。もっとも有名なブラウニーは、物語歌謡（バラッド）にうたわれており、「エイケン・ドラム」という童謡のなかに語り継がれている。

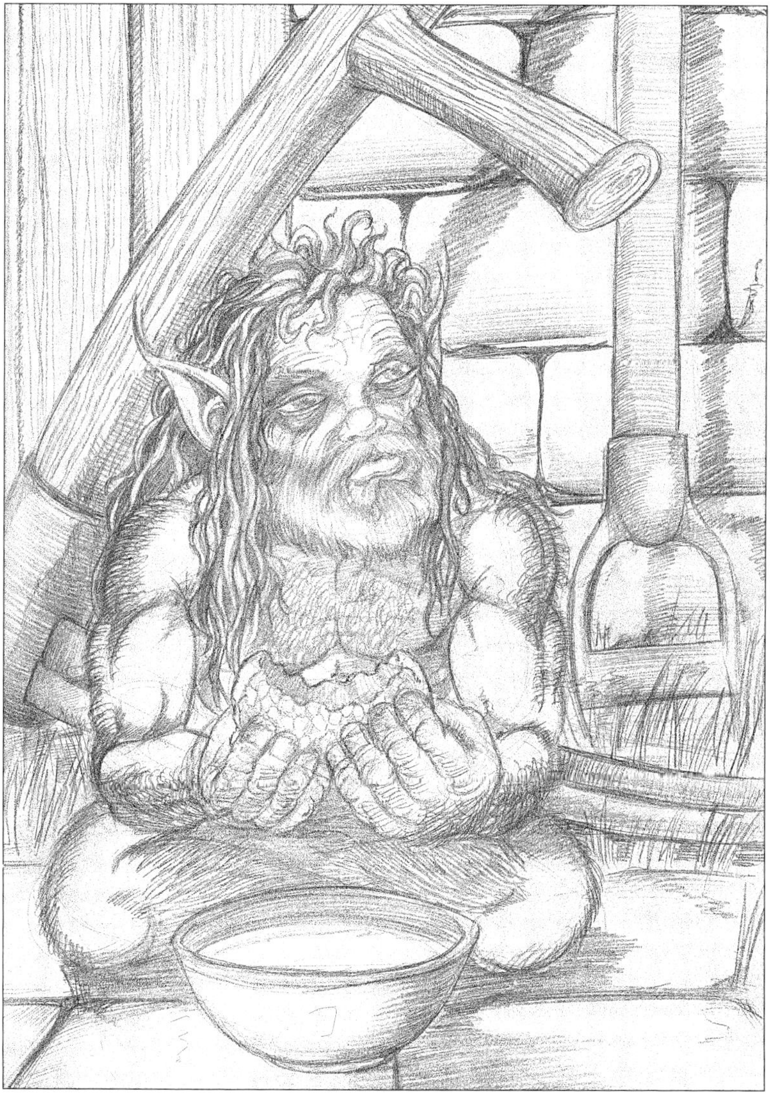

暖炉への敬意

幸運の精霊をなだめる

　暖炉など火のある場所は、家つき精霊や火の妖精の棲家であり、古代ギリシア・ローマの時代以前には、わたしたちの先祖は死後、この下に埋められていた。それは文字通り、もうひとつの世界への灯火(ともしび)である。ここは、ホブやロブ、ホブゴブリン、家つきブラウニーたちが好んで棲んでいた。

　リトル・ピープルを引きつけて家にとどめておくための第一のルールは、暖炉をきれいに保つことだ。彼らは家まわりの家事をよくしてくれる。数え切れないほどの昔話に、人が求めれば、毎日の男の雑用もしてくれるとあり、その助けや才能、恩恵について描かれている。調べてみれば、20世紀の最後

の30年にさえ、こうしたことがおこなわれていたことがわかる。セントラルヒーティングやガスを利用する今日でさえ、毎晩、家庭の守り神を鎮めるために、使われなくなった古い暖炉や閉じられた煙突のまわりに新鮮な水、牛の乳、パンなどを供えると、おどろくべき効果がある。暖炉のマントルピースに馬蹄を掛けるのは、彼らにゆっくりと休んでほしいという意味がこめられている。整理整頓されていなかったり、敬意が感じられないと、彼らは家にとどまることができない。また、夜のあいだの仕事を一生懸命にはしなくなったり、あるいは、怠惰な人間をくりかえし困らせたり、家のなかやキッチンで、食べ物や家具をがたがた揺らしたりする。

人間には馴染まない、ホブスラッシュはホブゴブリンの気性の激しい一族で、荒れ果てた場所を好む。ホブよりも悪戯好きで、報いを受けて当たり前と思われる人のもとで乱暴を働く。ほかの精霊と同じように、玄関前の階段にお供えをすると、家族や家に幸運がもたらされることがある。

魔法の庭

植物と花

　緑をたたえた荒野と、われわれの世界との境界となる庭には、子供たちにとって、いつも不思議が満ちあふれている。妖精たちは無垢(むく)を愛し、思いやりをもって、誇り高く子供たちを守る者である。だから、彼らの分身ともいえる幼い子供たちの前に頻繁に姿をあらわすのは不思議なことではない。

　花やハーブ、植物の精は、木の精と同じく、それぞれの植物の生長や彩り、保護に責任をもつ。デーヴァは植物の精、花の妖精で、それぞれが守る植物の色の衣装に身を包む、小さくて繊細な生き物だ。虹色の羽をもつこともあり、魔女のようにサワギクの茎にまたがって飛ぶ。

　花の妖精と人間とのつながりは、わたしたちの意識のなかで今も息づく、いまだ壊れずに残されたわずかな鎖のひとつである。デイジーの花の首飾りは、花の妖精に捧げるために作られる。

　庭はリトル・ピープルをわたしたちの生活に呼び戻す絶好の場だ。さあ、次の詩を声に出して読んでみよう。

「妖精は笑い、妖精は光を放つ。こっちに来て、わたしだけの精霊になっておくれ」

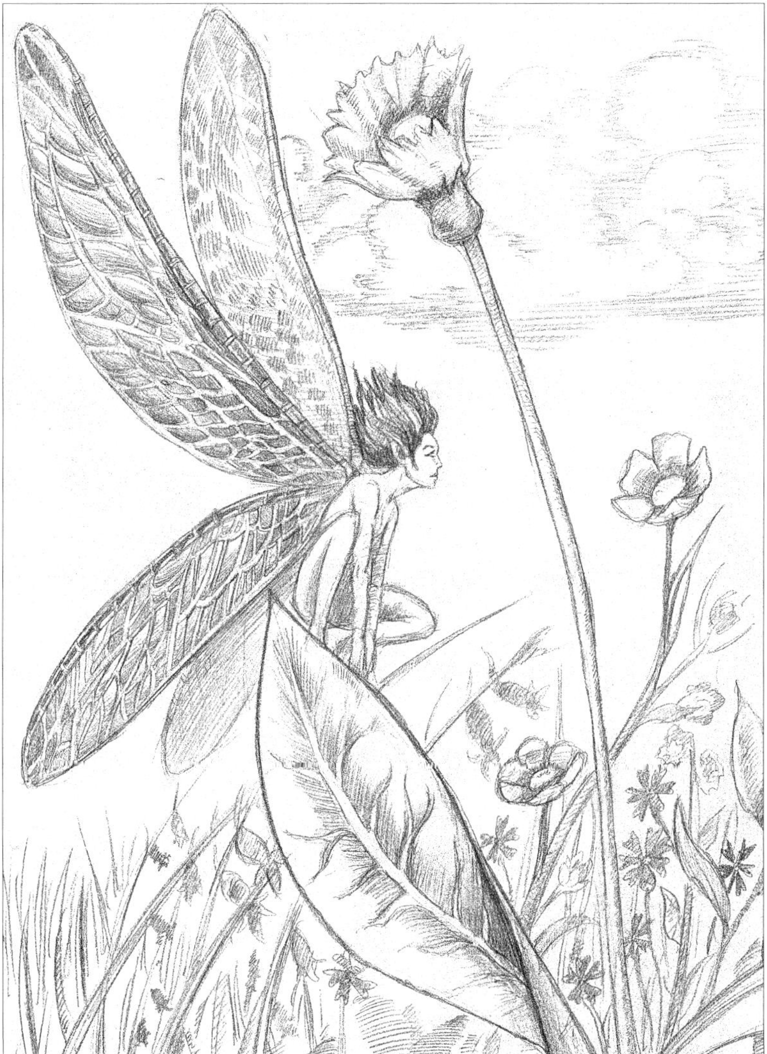

ごきげんよう

もうひとつの世界へ

　妖精をひとめ見たいと願っている人は、クローバー探しから始めるとよいだろう。葉の数は気づきのレベルや、リトル・ピープルの世界への道順、彼らの秘密を表している。明るさを増す夜明けや、暮れなずむ光のなかに、彼らはあらわれる。四葉のクローバーは彼らの姿を見ること、五葉のクローバーは彼らの存在についての知識や理解、六葉のクローバーは彼らの秘密を告げら

れたことを示している。

　だが、ここで忠告しておこう。探求者に与えられた気づきは、現代の世界にはまったくふさわしくないものかもしれない。家の心地よいベッドよりも、古い樫の木の下で星を眺めながら苔のベッドで眠りたくなる。あるいは突然、以前は気にもしなかった樹木の剪定(せんてい)に居心地悪さを感じ、良心が痛むようになる。古い泉から湧き出る水を切望するようになる。輪になって踊らずにいられなくなる。または詩を朗読せずにはいられない自分に気づく。そうなれば、そのときが来たのだ。あの世界があなたのそばに来ている。さあ、妖精たちとともに行こう。

　それでは、また会おう。みなの幸運を祈っている。

リトル・ピープル辞典

アース・フェアリー
EARTH FAERY
大地の妖精の意。妖精、または自然の精で、洞窟や妖精丘などの地中に棲む。

アイルランド海の守り神
IRISH SEA WATER GUARDIANS
（マン島）
水の守護妖精、あるいは海の精。男の妖精と女の妖精がいて、美しく小さくて体長が数センチほどしかない。青緑のオーラをまとっている。壊れた卵の殻や貝殻に乗って航海し、アイルランド海やそこに生きるものたちを守る。海の神マナナーンに仕えている。

アイルランドのエルフ
IRISH ELVES（アイルランド）
羽をもたない妖精の総称。青色や緑色の服を着て、赤い帽子をかぶった男女、子供のドワーフである。聖なる樹木の根のあいだ、その地下で、群になって棲む。夜になるとあらわれて、病気の動物を介抱する。たいていは人間を避けるが、ときどき、とくに無心な行為をおこなった人間に褒美（ほうび）を与えることがある。ウィー・フォークとも呼ばれる。

アシュライ
ASHRAYS（スコットランド）
長命で青白い顔をしているが、それでも若く見える。水のなかに棲家がある。夜行性で太陽の光を浴びると、溶けて虹色の水たまりになってしまう。

アンクー
ANKOU
（コーンウォール、ウェールズ、アイルランド）
黒いローブで顔をおおい、亡くなったばかりの人間の魂を集める。そして、黒い馬にひかせた二輪馬車で、死の国へとエスコートする。グリム・リーパー、死神、時の翁（おきな）とも呼ばれる。

アンシーリー・コート
UNSEELIE COURT（スコットランド）
神の祝福を受けていない不気味で邪悪な妖精で、呪われた者たちの魂だといわれている。ときに空を飛び、人をさらい、奴隷にする。そして、まわりの人間たちに向かって、「エルフの太矢」を浴びせかける。スコットランドの山地の地中深く、地下世界に棲まう。すべての邪悪な妖精たちがアンシーリー・コートに属している。

アンスロポジャイ
ANTHROPOPHAGI（イングランド）
「人喰い」を意味するギリシア語に由来する。イングランドの昔話によると、これらの「人喰い族」には頭がなく、鼠蹊部(そけいぶ)に小さな脳がある。そして目は肩に、口は胸にあるという。

インプ
IMP
悪戯好きな妖精、小さな悪魔。「若い芽」を意味する古期英語 impe に由来し、おそらくはインプが悪魔の末裔であることをほのめかしている。小さくも邪悪な、黒い生き物である。音楽を愛し、よいおこないをするなど魅力はあるが、それでも完全に信頼することはできない。中世ではおなじみの魔女（ウィッチ）の別称ともなる。

ウィー・ウィリー・ウィンキー
WEE WILLY WINKIE（スコットランド）
大陸ヨーロッパでは砂男(ザントマン)（睡魔、眠りの精）と呼ばれる。楽しい夢と眠りの妖精。

ウィー・フォーク
WEE FOLK（スコットランド、アイルランド）
妖精のこと。

ウィッシュ・ハウンド
WISH HOUNDS（デヴォン、コーンウォール）
ウィスト・ハウンド、ウィシュト・ハウンドともいう。黒くて頭のない幽霊犬の群で、ダークムーアのウィストマンの森に出没しては、人間の魂を狩る。彼らは主人である悪魔とともに、コーンウォールの悪魔のトレギーグルを追っているともいわれている。

ウィル・オ・ザ・ウィスプ
WILL O' THE WISP
沼地や湿地、湿原でまたたく、霊魂を思わせる光。亡くなった子供の魂とも、天国にも地獄にも行けずにさまよう魂ともいわれている。この現象に出くわすことは、不運の前兆、さらには死の前兆だという者もいる。「小さな炎のウィリアム」(ウィリアム・ウィズ・ザ・リトル・フレイム)とも呼ばれる。

ウィルベースト
UILEBHEIST
（シェットランド諸島、オークニー諸島）
島周辺の海の番人。たくさんの頭をもつ海の怪獣や海竜の姿であらわれる。

ウーフ
OUPHE （ヨーロッパ）
山に棲むニンフで、頭が鈍い妖精、エルフ。妖精の子と取り替えられ、人間の家庭に残される。oaf（のろま、取り替え子の意もある）が語源だと考えられている。ウーフはエリザベス女王時代にはエルフを指す語だった。

ウーマン・オブ・ザ・ミスト
WOMAN OF THE MIST（イングランド）
霧の女。道端で小枝を拾っている老女の姿であらわれ、霧のなかへと消えていくという。サマセットの伝承物語では、正体はハグとも妖精ともいわれる。

ウェイランド・スミス
WAYLAND SMITH （イングランド）
鍛冶屋のウェイランドの意。ウェイランドの鍛冶場に棲むエルフの王だといわれている。彼自身は、ウィルトシャー州にあるロング・バロー（複数の墓室がある古代の長い墓）に棲む。伝説によると、ウェイランドの鍛冶場に一晩、馬をつないでおくと、不思議なことに、朝までには蹄鉄が打ち直されているという。

ウェル・スピリット
WELL SPIRITS
泉の精の意。泉の番人。井戸や泉など、水源を守っている。

ウォーター・シーリー
WATER-SHEERIE （アイルランド）
ウィル・オ・ザ・ウィスプの別称。

ウォーター・フェアリー
WATER FAERY
水の妖精。若い男性が不機嫌だったり、悪意でいっぱいになったりしているとき、その美しさで惑わし、魂を奪う。水のニンフとも呼ばれる。

ウォーター・リーパー
WATER LEAPER （ウェールズ）
水を跳ね渡る者の意。サムヒギン・ア・ドゥールともいう。ウェールズの悪い水の妖精で、脚の代わりにコウモリの羽と尻尾のある小さなヒキガエルのような姿をしている。漁師をおぼれさせたり、羊を水中に引きずりこんで食べたりする。

ウォーター・レイス
WATER WRAITH （スコットランド）
しかめ面の水の女精。酒に酔った人の前にあらわれるといわれている。

海のトロー
SEA TROWS
トローにには海のトローと陸のトローがいる。陸のトローに追われたトローたちは、海の底に棲みついた。奇妙に傾いた頭、平らで丸い足、水かきのある指、海

草のような髪で、つぶれた猿のような風貌をしている。彼らは愚かで、悪戯好き、そして好んで漁師から物を盗んだり、彼らをからかったりする。水の外にはめったにあらわれないが、陸地では非常にゆっくりしか動けない。

ウリシュク
URISKS （スコットランド）
しわくちゃでやせこけており、半身が人間、半身がヤギの姿をしている。アヒルの羽におおわれ、髪はところどころ抜け落ちている。人を死ぬほど怖がらせる。人を好み、その仲間となりたがり、さまざまな助けで労に報いてくれる。知性が高く、直感に優れ、超能力さえ備えている。人気のない湖や池に出没する。

エサソン
ELLYLLONS （コーンウォール、ウェールズ）
エルフのような小さな生き物で、谷間や渓谷、内陸の湖に棲む。とくに、コーンウォールの湖、ドスマリー・プールなどで目撃される。彼らは卵の殻に乗り、薬草のキツネノテブクロで作った手袋をはめている。妖精バターや毒キノコのような妖精の食物を食する。アーサー王伝説に登場する湖の貴婦人(レディ・オブ・ザ・レイク)の領地を守っている。

エハラス・ウルラル
EACHRAIS URLAIR （スコットランド）
スコットランドの女の妖精。魔法の杖で人間を動物に変える。とくに子供などに好んで悪戯をしかける。

エルダー・マザー
ELDER MOTHER （イングランド）
セイヨウニワトコの木の番人。実を摘むときには、彼女の許しを得なくてはならない。セイヨウニワトコの木を切り倒すと、その人の家畜は病におかされてしまう。

エルフ
ELVES
エルフは世界中に存在するが、イングランドのエルフは丸々と太って友好的な、小さな妖精だ。緑色か白色の衣服を着ている。たいていは、妖精の王や女王の支配下にあって、地中に群れをなして棲んでいる。エルフという名称はときに、少年の小妖精や悪戯好きの木の精を指すこともある。スコットランドではもうすこし大きくて、人間ほどの身長があり、妖精の国エルフェイムからやってきては、人間をさらったり家畜の牛を殺したりするという。フェアリー（fairy）と同じく、リトル・ピープルの総称として使われることも多い。

エルフェイム
ELFAME （スコットランド）
妖精の国のスコットランド名。

エルフの火／エルフの光
ELF FIRE / ELF LIGHT（イングランド）
ウィル・オ・ザ・ウィスプの別称。

エレメンタル
ELEMENTALS
四大精霊。古代の科学である錬金術の使い手は、四つの元素がさまざまに混じりあって、人間が構成されていると信じていた。その元素は単独で存在しているときにだけ、純粋な形をとる。ノーム（大地）、シルフ（大気）、サラマンダー（火）、ネーレーイス（水）である。神秘主義者のなかには、妖精とはこの四大元素のことであると信じる者もいる。自然の妖精を指す総称としてもよく使われる。

オークマン
OAKMEN （イングランド）
オークの樹の精。木の妖精、森のドワーフ。鼻が赤く、赤い毒キノコの帽子をかぶっている。聖なる樫の木や、森、そこに棲むすべての生物を守っている。樫の木を切り倒したり、動物を狩ったりする侵入者に腹を立てる。そんな人間は魔法によって、美味しい食べ物のようにみせかけた毒キノコが与えられる。

オールドマン・ウィロー
OLD MAN WILLOW （イングランド）
柳じじいの意。柳の木の妖精で、通りかかった人間に手を伸ばし、飛びつくといわれている。とくに人里はなれた、淋しい場所に出没する。

オベロン
OBERON
アーサー王伝説に登場する、妖精の王。シェイクスピアの「夏の夜の夢」でも触れられている。恐ろしいドワーフであるトロンがハンサムな王に変身したものといわれている。洗礼式で悪い妖精にかけられた呪いのせいで身長が伸びない。

親指トム
TOM THUMB
親指トムは元々はアーサー王伝説の一部であった。子供のない夫婦が、魔法使いマーリンを訪ねた。すると彼はこの女性はまもなく身ごもるが、その子供は親指の大きさ以上には成長しないと予言した。少年は4分も経たないうちに、大人に成長した。妖精の女王がお産に立会い、名付け親にもなる。女王は少年に魔法の力を与えた。のちに、少年は鮭に飲み込まれてしまうが、無事に助け出され、アーサー王の宮廷で長く仕えたのだった。

ガンカナハ
GANCANAGH （アイルランド）
めったに見られない、男の妖精、エルフである。黒い瞳をもつ。人気のない淋し

い場所で待ちかまえては、人間の女性をかどわかす。女性は彼を恋こがれ、やがて傷心のため、死んでしまう。アイルランドのクレイ・パイプをくゆらせているが、煙は吸いこまない。妖精は煙を嫌うのだ。

きつね火／修道士のランタン
FOX FIRE/FRIAR'S LANTERN
（イングランド）
ウィル・オ・ザ・ウィスプの別称。

ギャンカナハ
GEANCANACH
（アイルランド、ヘブリディーズ諸島）
ピクシーを思わせる小さな精霊、または家つき妖精で、大きな目は斜視で耳はとがっている。翼があるが、飛ぶことはできない。だが、好んで姿を消しては、瞬時にいたるところにあらわれる。悪戯好きではあるが、暖かく居心地のよい暖炉と牛の乳の供え物へのお礼として、その人間を健やかに守ってくれる。

ギフ・グノラ
GIRLE GUARLE （アイルランド）
アイルランドの妖精で、ランペルスティルトスキン（ドイツのルンペルシュティルツヒェン）やトム・ティット・トットに似ている。ギラ・グアラは自分の名前を覚えているかぎり、忙しい女性に代わって亜麻の織物を織ると約束した。だが、ギラ・グアラは女の織物を奪うため、魔法をかけて自分の名を忘れさせた。女は偶然、妖精の輪に出くわし、ギラ・グアラについての歌を聞く。そこで、その名を呼ぶと、ギア・グアラは仕上がった布をたくさん残して、怒りくるって消えてしまった。

ギリー・ドゥー
GHILLIE DHU （スコットランド）
単独であらわれる木の精で、人間から木々を守っている。黒い髪で、緑の葉や苔を身につけ、周囲に溶けこんでいる。物陰に隠れて通りかかった人間に手を伸ばし、捕まえては永遠に奴隷とする。森で道に迷った子供を無事に家まで送り届けてくれることもある。

キルムーリス
KILMOULIS （スコットランド）
口が無いため、その巨大な鼻の穴に詰め込んで食べるグロテスクな妖精、ブラウニー。オーブンのそばの暖かい場所で眠らせてもらうお礼に、粉挽き屋とその家族に仕え、彼らを守る。病気や不幸が近づくとむせび泣いて警告する。必要とあれば、産婆を連れてくる。悪戯好きで、脱穀したオーツ麦に灰を吹きかけたりもする。

グイラン・ヴェギ
GUILLYN VEGGEY （マン島）
妖精を指すマン島の言葉で、小さな少年

を意味する。

クー・シー
CUSITH
→ブラック・アンガスを参照。

グースベリー・ワイフ
GOOSEBERRY WIFE（ワイト島）
グースベリー女房。果実のグースベリーの番人で、毛むくじゃらの丸々とした大きな毛虫の姿であらわれる。

グラシャン
GLASHAN（マン島）
マン島の家つき妖精で、衣服は身につけておらず、力が強い。とくに、農家の手伝いをする。石を磁石に変えて車を引き寄せては、道をそらせてしまうことで知られている。若い子馬や子羊の姿に変身する。男の妖精で、ときに人間の女性に狼藉をはたらく。

グラシュティグ
GLAISTIG（スコットランド）
スコットランドの小さな女の妖精で、緑の衣をまとい、長くて黄色い髪を垂らしている。遠めに見ると若くて美しい女性のようだが、近寄ってみると、その顔は青白く、灰色がかっている。バンシーのようにむせび泣いて、死や病を嘆く。

グラシュティン
GLASHTIN
（マン島、アウター・ヘブリディーズ諸島）
姿についてはさまざまな報告がある。ある者は蹄(ひづめ)が前後、逆についている水馬だという。ある者は半身が馬で半身が牡牛か牝牛だという。彼らは姿を変えることができるゴブリンで、ハンサムな人間の男性の姿であらわれて、若い女性に催眠術をかけ海へと誘う。そして、彼女をむさぼり食ってしまうのだ。

グリーンコーティ
GREENCOATIES（リンカンシャー）
妖精のなかでも、緑の肌をしている、あるいは緑色の衣服を着ている者たち。グリーニー（緑の人、ランカシャー）とも呼ばれる。

グリーン・マン
GREEN MAN
緑の男。緑色の自然の精で、その口から伸びる葉や枝で頭部がおおわれている姿で描かれる。強力な妖精で、自然への冒涜に腹を立てると、死に至らしめるほどの「エルフの太矢」や「石英の矢」を放つ。ホブ、フドキン、ロビン、ロビン・グッドフェロー、またはロビン・フッドとも呼ばれる。

グリーン・レディ
GREEN LADIES

緑の婦人。樫の木や、イチイの木、リンゴ、柳、セイヨウヒイラギに棲む木の妖精。その木を切り倒すと、彼らに恐ろしい仕返しをする。しかし、根元にプリムローズを植えていると、お礼として祝福を与え、繁栄をもたらしてくれる。スコットランドやウェールズでは、緑の妖精やときには幽霊の総称として使われている。ドリュアスとも呼ばれる。

グリッグ
GRIGS（イギリス諸島）
小さな可愛らしい喜びの妖精で、緑の衣をまとい、花で作った赤い帽子をかぶっている。サマセットでは、妖精のために残しておくいちばん小さなリンゴを「リンゴのグリッグル」という。

グリフォン
GRYPHONS（ウェールズ）
馬の頭と山羊の体をもつウェールズ地方の妖精で、すべての人間の言語を話すことができる。ハロウィーンまでに収穫しないと、農作物をめちゃくちゃにしてしまう。

グリム
GRIM（イングランド）
頭巾をかぶったイングランドのゴブリン。その風貌で、愚かな人間を怖がらせる。窓辺で聴こえるその恐ろしい金切り声は、病気で寝こんでいる人間を死の恐怖で怯えさせる。

グルアガッハ
GRUAGACH（スコットランド、アイルランド）
スコットランドでは、髪の長い、または毛むくじゃらのグラシュティグとなる。男も女も、荘重な家や城に棲みついて、夜になるとせっせと家事をしたり、家具を並べ替えたりする。怒ったときには悪戯をしたり、大騒乱を巻き起こしたりする。だが、牛の乳などを供えておけば、城や家を守ってくれる。アイルランドでは、オーガ（小鬼）やゴブリン、巨人、魔術師、ドルイド僧なども指す。

クルーラホーン
CLURICHAUN（アイルランド）
レプラホーンとは近い親戚である。単独であらわれるが、赤い帽子をかぶり、いつも陽気に酔っぱらっている。酒を供えておけば、盗人からワインセラーを守ってくれ、あらゆる不運を寄せつけない。適切にあつかわないと、あたりをめちゃくちゃにしてしまう。

グレムリン
GREMLINS（イングランド）
現代イングランドの妖精で、第二次世界大戦中に空軍のパイロットによって最初に発見されたという。18センチから60セン

チほどで、色は緑、青、灰色など。大きな耳と角をもつ。

ケラッハ・ヴェール
CAILLEAC BHUER（スコットランド）
ブルー・ハグ、ブラック・アニス、ストーン・ウーマン（石の女）としても知られている。黒色、あるいは青色のボロボロの衣服を着ている。ギザギザの歯にひとつしかない大きな青い目をもつ老女。冬の夜の森を徘徊する。その棍棒の先端には、カラスの頭があつらえられているが、夏のあいだ彼女はそれを木の根元に埋める。それを探し出せば、あらゆる宿命から逃れる力が与えられるという。

ケルピー
KELPIES（スコットランド）
小さくて丸い、姿を変える水の妖精。たいてい灰色の馬の姿であらわれて、人間をその背に乗るようにと誘う。そして、そのまま水へ走りこんでおぼれさせ、むさぼり食ってしまう。シェットランド諸島やオークニー諸島のナッギーをはじめ、アイルランドのウシュクや、コーンウォール地方のショーニーや、ウェールズ地方のケフィル・ドゥールと同じものである。

コウ
KOW（北イングランド）
古代の北イングランドの言葉で、妖精や精霊を指す。

ゴブリン
GOBLIN
人間に似た気難しくて悪戯好きな小さな生き物で、その姿は醜く歪んでいる。たいてい地下や教会の庭や古い木の根のあいだに集団で暮らしており、ときに人間と同居する。恐ろしいほどの悪戯好きで、自分たちが楽しければ、人間を傷つけるのもいとわない。ときに、革の鎧に槍をもっている姿に描かれる。

コリガン
CORRIGANS（コーンウォール）
古代ガリアの9人の聖なるドルイド僧の末裔である。女性で立石の周辺の泉の番人だ。彼女たちは、春になると水晶のゴブレットで詩と叡智の秘密を飲み干す。

サリーランディ
SALEERANDES（ウェールズ）
ウェールズの、鱗におおわれた妖精。二本足のトカゲのように見える。姿は恐ろしげだが、人間には決して害を与えない。変温動物で服は着ておらず、いつも寒がっているため、人間がおこした火を探し求めている。おそらく四大精霊のうちの火を表すサラマンダーに関係がある。

を棲家とする。

天気の妖精
WEATHER FAIRES
風、雨、太陽、嵐などの空の四大精霊や、その他の精霊を含む総称としても使われる。

トゥアサ・デ・ダナーン
TUATHA DE DANANN（アイルランド）
アイルランドの初期の住人で、ギリシアに由来する。魔法の力があり、それによって、大きな物体を運ぶことができた。ミレシア人に敗れ、妖精の丘や湖の底へと追いやられ、小さくなって、人間の目には見えなくなった。チェスやハーティング[アイルランドのスポーツで、ホッケーに似ている]を楽しむ。彼らがストーン・サークルを建造したと信じられている。

ドゥアルガー
DUERGARRS（イングランド）
邪悪で悪戯好きの小さな妖精で、子羊の革で作られたジャケット、モグラの革の靴、緑色の帽子を身につけている。彼らが守っている妖精の道に旅人がうっかり近づくと、悪戯をしたり迷わせたりする。

トゥース・フェアリー
TOOTH FAERIE
歯の妖精。夜、枕の下に子供の乳歯を置いておくと、翌朝、銀のコインに変わっている。

ドウェオルグ
DWEORG（イングランド）
古期英語で悪魔、またはドワーフを意味する。アングロ・サクソン人は、頭痛はドワーフが引き起こすと考えていた。そのため、頭痛を治すために、ハーブのドウェオルグ・ドウォストル[古期英語でペニーロイヤルの意]つまりペニーロイヤルミントを使った。

ドビー
DOBIE（イングランド）
イングランド北部の、親切で役に立つが、あまり賢くないブラウニー、または家つき妖精。だが、ウェスト・ヨークシャー地方のドビーは、ひどく邪悪な妖精で、古い塔や橋のそばの古い農家やその離れ周辺を徘徊する。馬に乗って通りかかる人びとに飛びかかって絞殺しようと待ちかまえているのだ。

トム・ティット・トット
TOM TIT TOT（イングランド）
ホブゴブリンの別称。ドイツのルンペルシュティルツヒェンのイギリス版である。

ドリュアス
DRYADS（ケルト諸国）

木に棲まうニンフで、夜になると、自分の根っこを引き抜いて歩きまわることで知られている。通常、木のまわりに細くたなびく色つきの光の姿であらわれる。ダンスを愛し、美しい歌を歌う。危険ではないが、その姿を見たり親しくなったりすると、不幸がもたらされる。彼らがドルイド僧に木の魔術や予言の力、アストラル・トラベルなどの秘密を教えた。「ドルイドの妖精」とも呼ばれる。

ドレイク
DRAKE（イングランド）

ドイツやスカンジナビア地方にも存在する。とても親切な家つき妖精で、小さな赤い帽子と衣服を着ている。供え物をして、敬意をもって暖炉を燃やしておけば、そのお返しに、薪を湿気らないように見ていてくれたり、金や穀物などの贈り物をくれたりする。めったに見られないが、不快な硫黄臭によって、その気配が感じられることが多い。空を飛ぶときは、炎の尾をひいた火の玉となる。かつて、彼らの魂は呪われたマンドレイクの根のなかに閉じこめられていた。

トロー
TROWS（スコットランド）

スカンジナビア地方のトロールのようなもの。ナイトクリーパー、ナイトスティーラーとも呼ばれる。陸のトロー、海のトローなどが存在する。

ナックラヴィー
NUCKLELAVEES（スコットランド）

海の妖精で、人間にとっては邪悪でおぞましい、怒りっぽい妖精だ。たいてい、半身が人間、半身が馬で、髪や皮膚がない。皮膚がないため、黄色い血管を流れる黒い血液や、その赤い筋肉と白い腱がはっきりと見える。家畜や人間の病気を引き起こす。雨を嫌うため日照りをもたらす。淡水を渡ることができない。

ナニー・バトンクロップ
NANNY BUTTONCROP（ヨークシャー）

ナニー・バトンキャップともいう。子供の世話をする善い妖精。夜、子供たちを守って、ベッドのなかで暖かく、きちんとふとんに包まれているかを確認してくれる。

ニッキセン
NIKKISEN（マン島）

水の妖精で、ニッキセンの湖に棲む。満月の光のもとで、人間を水のなかへと誘う。そしておぼれ死んだ者たちの魂を導いてゆく。

ニンブルマン
NIMBLE MEN（スコットランド）

「機敏なものたち」の意。空の妖精でウィル・オ・ザ・ウィスプや北極光とつながりがある。月の光のなかで踊るエルフだともいわれている。

ノーム
GNOMES
本来は大地の精で四大精霊のひとつ。ノームには大地に棲まう者という意味がある。大地を守っており、最近ではガーデニング愛好家のあいだでとても人気がある。赤い服を着た白髪の小さな男として描かれる。鳥が空中を飛ぶように、大地を通り抜けることができ、千年ほど生きながらえる。

ノッカー
KNOCKERS（デヴォン、コーンウォール）
友好的な鉱山の精霊で、大昔にそこで働かされていたユダヤ人の幽霊だといわれている。小さくて醜く、皮と骨ばかりで、大きな口をしている。革のエプロンをつけた鉱夫の格好をしており、小さな槌をもっている。鉱山や洞窟に棲み、パスティーといったおいしいパイを供えてくれたお礼に、ノックの音で豊かな錫の鉱脈を教えたり、危険を知らせたり、落盤のあと、閉じこめられた鉱夫を助けようと導いたりする。ブッカ、ニッカー、スプリガンとも呼ばれる。ウェールズ地方のコブラナイや、スコットランドのブラック・ドワーフと同じもの。

ノッキー・ボー
KNOCKY-BOH（イングランド）
ボガートやポルターガイストともいい、家の壁や木製パネルの裏側で、ドンドンと物をたたいたり、ガタガタと音をたてたりする。とくに夜、家人を起こして、子供たちを怖がらせる。

ノップ
KNOPS（ウェストミッドランド）
恐ろしい魔の馬。おそらくキリスト教の「死者の日」（11月2日）の行事の由来となった。この日には、シーツをかぶせた馬の頭の模型で人びとを脅かす地方もある。

ハイター／ハイター・スプライト
HYTERS/HYTER SPRITES
（リンカンシャー、イースト・アングリア）
小さな、緑の瞳をもつ妖精で、姿を変えることができる。鳥の姿であらわれることが多く、とくに、ショウトウツバメやノスリ、ハゲワシなどに変身する。人間にはやさしく、子供たちを守ってくれて、道に迷った子らを家まで送り届けてくれることもある。彼らはときに集団になって騒いだり、人間を襲ったりする。とくに怠惰な親たちが襲われるが、怖がらせるだけで、傷つけたりはしないという。

バガー
BUGGARS
姿を変えることができる危険なゴブリン。アストラル界に棲んでいる。

パック
PUCK （イングランド）
ポークともいう。悪戯好きな森の国の妖精。道化師の姿に描かれるが、笛を吹いて人間にダンスを踊らせる。ときに馬の姿であらわれて、人間をだましてその背に乗せる。また、子供や鷲、ロバに変身し、パンの神のように、半身が人間で半身が山羊の姿であらわれ、笛を吹くこともある。面白がって人間を沼地に誘いこんでは、その人を残していなくなってしまう（そのため、プークやピクシーなどの妖精に惑わされたものを意味する、Pouke-led, Pixy-led, Pouk-ledden という言葉がある）。もともとは悪魔だったが、のちにロビン・グッドフェロー、ジャック・ロビンソン、ロビン・フッドなどと関連づけられるようになる。

バッテリー・スプライト
BUTTERY SPRITES （イングランド）
食料室の精。バターなどを好んで盗み食いするためにつけられた名称。闇にまぎれて人間の目には見えず、偽善者や詐欺師たちに報復する。とくに聖職者をねらう。

バリーボッグ
BALLYBOGS （アイルランド）
泥炭湿地の番人で、泥くさい風貌をしている。単独であらわれる。身長は低く丸々と太っているが、手足はひょろ長い。ときには人間の手助けをし、ときには悪戯をする。だが、不平をいうばかりで、あまり賢くない。泥炭の妖精、バガブー、ボギーとも呼ばれる。

バン・イン
BEAN-FIONN （アイルランド）
湖や小川、河川などに棲む「白婦人」。好んで子供を水のなかに引きずりこみ、おぼれさせる。イングランドでは、緑の牙のジェニーと呼ばれている。

バン・シー
BEAN-SIDHE （アイルランド）
妖精丘の女、平和の女を意味する。スコットランドではコインターハ、コーンウォールではカイライス、ウェールズではグラハ・ア・フリビンなどと呼ばれる。人間と同じくらいの大きさで、白い衣をまとい（ときに灰色、緑、赤、黒）、頭巾でおおわれた頭から、まっすぐな長い髪を垂らしている。ある者は長い金髪を銀のくしでとかし、ある者は幽霊のような姿をしている。鋭い叫び声や、けたたましく、恐ろしげな嘆き声で知られる。その声は夜になると聴こえてきて、死の前兆だと考

えられている。

バン・ティー
BEAN-TIGHE（アイルランド）
家の仕事をしてくれる妖精。年老いた小柄な農婦のような姿で、とても親切だ。スコットランドのブラウニーのように暖炉に棲む（とくに、ケルト人の祖とされるミレシア人の子孫を好む）。友好的な家を好み、子供やペットの世話をしたり、忙しくて疲れきった主婦がやりのこした家事を片付けたりしてくれる。とくに、好物であるイチゴやクリームを供えてくれた人のところへ行く。

ヒース・ピクシー
HEATHER PIXIES
（スコットランド、ヨークシャー）
とくに荒野などのヒースの木のあいだに棲み、人間との接触を避ける。金色のオーラと半透明の羽をもつこの小さな悪戯者は、いつも亜麻の布を織っている。

ピクシー
PIXIES
とがった耳、とがった鼻、弓形の眉をした小さな妖精で、薄くて輝く羽をもち、緑色の衣服を着て、毒キノコやキツネノテブクロの帽子をかぶっている。鉄に弱く、怠惰を嫌い、ダンスや音楽、大きなパーティ、悪戯を好む。彼らが認めた人間にはよく手助けをしてくれる。おそらく、スコットランドの先住民ピクト人と関係がある。

ピリーウィギン
PILLIWIGGINS
小さな羽のある妖精で、春の花を守護している。とくに彼らの棲む樫の木のそばの花々を守っている。ミツバチに乗って、花から花へと飛びまわる。美しくて魅惑的な彼女たちの女王、金髪のエアリアルは、デリケートな白い衣をまとい、カウスリップの花のなかで眠る。そして風を操っては、コウモリに乗って飛ぶ。話すことはできないが、とても美しく歌を歌う。

ピレネー
PYRENEES（コーンウォール）
目には見えないが、コーンウォールの立石のあいだに棲んでいる。石を歩かせたり、ダンスを踊らせたり、歌まで歌わせたりする。

ヒンキー・パンク
HINKY-PUNK（サマセット、デヴォン）
ウィル・オ・ザ・ウィスプの別のバージョン。サマセットとデヴォンの境界あたりで見られる。一本足で明かりをもち、沼地へと導くという。コーンウォールで見られるハンキー・パンキーに似ている。

ファー・ダリッグ
FIR DARRIG（アイルランド、スコットランド）
醜く太っていて、毛深い危険な妖精で、ふつうは赤色のみすぼらしい衣服を着ている。浅黒い皮膚に長い鼻、そしてネズミのような尻尾がある。歩くときにはシレイラという先端に髑髏をあつらえた杖に頼る。海や湿原、沼地のそばに棲み、泳ぎがうまい。そこで腐った死肉を探し、むさぼり食う。スコットランドにおける妖精の別称で、忘れっぽい人のことも指す。

ファハン
FACHAN（スコットランド）
アーガイル地方のグレン・エティヴの妖精。単独であらわれ、奇妙な風貌をしている。目、手、腕、足、爪先、どれもが片方しかない。そして、すべてが、その毛深くて羽のある体の中心より下方に集まっている。飛ぶことを望み、また、生きているものを嫌っているので、とくに鳥に嫉妬している。鋲が打たれた棍棒で山の自分の棲家付近へ侵入してきた人間を襲う。

ファリシー
FARISEES（サマセット、サフォーク）
サマセットやサフォークで使われる妖精の別称。

フィーオリン
FEEORIN（ランカシャー）
ランカシャーの緑色の小さな妖精。赤い帽子をかぶり人間を助けてくれる。音楽やダンスを愛する。

フィノゼリー（マン島）
PHYNNODDEREE
フェノゼリーともいう。マン島の毛深い妖精、ブラウニーで、腕が長く、信じられないほど力が強い。とても賢いとはいえないが、供え物をすれば、非常に親切で熱心に働いてくれる。

フィル・ヴォルグ
FIR BOLG（アイルランド）
沼地に棲んでいた者たちで、トゥアサ・デ・ダナーンに敗北するまでは、アイルランドを支配していた。アイルランドにおける最初の妖精族。巨人の姿で描かれることもあるが、ふつうは1メートルほどで赤い服を着ている。古い土塁やラースというアイルランドの土砦に棲む。鉄やキリスト教のシンボル、とくに聖水を嫌う。

フィン・フォーク
FIN FOLK（スコットランド、コーンウォール、ウェールズ）
フィンの民の意。人の形をした妖精で害は与えないが、人を避けている。伝説によると、スコットランドの湖の底へ導

えられている。

バン・ティー
BEAN-TIGHE（アイルランド）
家の仕事をしてくれる妖精。年老いた小柄な農婦のような姿で、とても親切だ。スコットランドのブラウニーのように暖炉に棲む（とくに、ケルト人の祖とされるミレシア人の子孫を好む）。友好的な家を好み、子供やペットの世話をしたり、忙しくて疲れきった主婦がやりのこした家事を片付けたりしてくれる。とくに、好物であるイチゴやクリームを供えてくれた人のところへ行く。

ヒース・ピクシー
HEATHER PIXIES
（スコットランド、ヨークシャー）
とくに荒野などのヒースの木のあいだに棲み、人間との接触を避ける。金色のオーラと半透明の羽をもつこの小さな悪戯者は、いつも亜麻の布を織っている。

ピクシー
PIXIES
とがった耳、とがった鼻、弓形の眉をした小さな妖精で、薄くて輝く羽をもち、緑色の衣服を着て、毒キノコやキツネノテブクロの帽子をかぶっている。鉄に弱く、怠惰を嫌い、ダンスや音楽、大きなパーティ、悪戯を好む。彼らが認めた人間にはよく手助けをしてくれる。おそらく、スコットランドの先住民ピクト人と関係がある。

ピリーウィギン
PILLIWIGGINS
小さな羽のある妖精で、春の花を守護している。とくに彼らの棲む樫の木のそばの花々を守っている。ミツバチに乗って、花から花へと飛びまわる。美しくく魅惑的な彼女たちの女王、金髪のエアリアルは、デリケートな白い衣をまとい、カウスリップの花のなかで眠る。そして風を操っては、コウモリに乗って飛ぶ。話すことはできないが、とても美しく歌を歌う。

ピレネー
PYRENEES（コーンウォール）
目には見えないが、コーンウォールの立石のあいだに棲んでいる。石を歩かせたり、ダンスを踊らせたり、歌まで歌わせたりする。

ヒンキー・パンク
HINKY-PUNK（サマセット、デヴォン）
ウィル・オ・ザ・ウィスプの別のバージョン。サマセットとデヴォンの境界あたりで見られる。一本足で明かりをもち、沼地へと導くという。コーンウォールで見られるハンキー・パンキーに似ている。

ファー・ダリッグ
FIR DARRIG（アイルランド、スコットランド）
醜く太っていて、毛深い危険な妖精で、ふつうは赤色のみすぼらしい衣服を着ている。浅黒い皮膚に長い鼻、そしてネズミのような尻尾がある。歩くときにはシレイラという先端に髑髏をあつらえた杖に頼る。海や湿原、沼地のそばに棲み、泳ぎがうまい。そこで腐った死肉を探し、むさぼり食う。スコットランドにおける妖精の別称で、忘れっぽい人のことも指す。

ファハン
FACHAN （スコットランド）
アーガイル地方のグレン・エティヴの妖精。単独であらわれ、奇妙な風貌をしている。目、手、腕、足、爪先、どれもが片方しかない。そして、すべてが、その毛深くて羽のある体の中心より下方に集まっている。飛ぶことを望み、また、生きているものを嫌っているので、とくに鳥に嫉妬している。鋲が打たれた棍棒で山の自分の棲家付近へ侵入してきた人間を襲う。

ファリシー
FARISEES （サマセット、サフォーク）
サマセットやサフォークで使われる妖精の別称。

フィーオリン
FEEORIN （ランカシャー）
ランカシャーの緑色の小さな妖精。赤い帽子をかぶり人間を助けてくれる。音楽やダンスを愛する。

フィノゼリー（マン島）
PHYNNODDEREE
フェノゼリーともいう。マン島の毛深い妖精、ブラウニーで、腕が長く、信じられないほど力が強い。とても賢いとはいえないが、供え物をすれば、非常に親切で熱心に働いてくれる。

フィル・ヴォルグ
FIR BOLG（アイルランド）
沼地に棲んでいた者たちで、トゥアサ・デ・ダナーンに敗北するまでは、アイルランドを支配していた。アイルランドにおける最初の妖精族。巨人の姿で描かれることもあるが、ふつうは1メートルほどで赤い服を着ている。古い土塁やラースというアイルランドの土砦に棲む。鉄やキリスト教のシンボル、とくに聖水を嫌う。

フィン・フォーク
FIN FOLK
（スコットランド、コーンウォール、ウェールズ）
フィンの民の意。人の形をした妖精で害は与えないが、人を避けている。伝説によると、スコットランドの湖の底へと導

シー
SIDHE（アイルランド、スコットランド）
アイルランドやスコットランドのゲール語で妖精を指す。たいていは白い衣をまとって、髪が長く、動物の世話をしてくれる。彼らの機嫌をそこねると、病気や悪運をもたらす。可愛い少女をさらって彼らの結婚式でブライドメイドにしたり、赤子をさらって、代わりに妖精の子を置いてくる取替え子をしたりする。牛の乳や食べ物、タバコ、ウィスキーなどを供えると喜ぶ。本来は、sidhe（シー）とは神々を表す言葉だったが、のちに魔女（ウィッチ）や精霊、超自然的な存在を指す言葉になった。彼らが棲むといわれている埋葬塚や古墳の別称でもある。

シーオーグ
SHEOGUES（アイルランド）
シェオクイスともいわれる。ラース（アイルランドの古代の砦）やサンザシの茂みに棲む。うっとりするような美しい音楽を奏で、音楽家や詩人にインスピレーションを与えたり、人間を沼地へと誘いこんだりする。たいていは友好的だが、子供をさらって妖精の子と取り替えてしまうことで知られている。この子供は1年しか生きられない。

シークレット・フォーク
SECRET FOLK（イングランド）
秘密の民。妖精を指す婉曲表現。秘密の人びと（Secret People）も同様。

シー・マイザー
SEA MITHER（オークニー諸島）
夏と生命を表す、海の母、海の精霊。冬の精霊であるテランを敵とする。彼らの戦いは春分に始まり、テランを打ち負かすまで続く。そして、オークニー諸島周辺の海や土地に暖気と生命、成長をもたらす。テランは秋分の日に戦いを再開するために戻ってくる。そして、シー・マイザーが負けて、消えてしまうまで戦いは続く。彼女が寒気と危険と嵐の縛めを解くとき、おぼれかけた漁師たちの叫びが聞こえるはずだ。

シーリー・コート
SEELIE COURT（スコットランド）
神に祝福された妖精たちの群で、声は聴こえても、姿は見えない。彼らはとても善良で、勇敢で、美しい。どこかで善いおこないをできないかと、風に乗って探している。また、妖精たちのけんかなどでは仲介者の役目をする。悪い妖精であるアンシーリー・コートの対極にある。

シェリー・コート
SHELLEY COATS（スコットランド）
悪戯好きな小さな水辺のお化け、妖精で、浅瀬やせせらぎ、池や森の湖などに

出没する。魚のような丸い胴体で、赤や紫の貝殻のような鱗でおおわれている。そして、大きな口と大きな目をもつ。空を飛べて、夜間、よく見かけられる。水を飲もうと立ち寄った旅人に悪戯をしたり、惑わしたりすることを好み、泳ごうとすると追い払われる。

ジャック・ア・ランターン
JACK-A-LANTERN（イングランド）
イングランドの湿原の妖精で、夜の沼地に出没する。その輝く炎で旅人を惑わし、死へと誘う。今日では、ハロウィーンのかぼちゃのランターンの名となっている。ジャック・オ・ランターン、ジャッキー・ランターンとも呼ばれる。

ジャック・フロスト
JACK FROST（イングランド）
ツララにおおわれて、白くとがった姿で描かれるイングランドの妖精。寒さをもたらすが、冷えこむ朝には窓枠につららを残してゆく。

ショーニー
SHONEY（ルイス島）
ケルピーの一種で、たいてい男の妖精である。醜くて、愚かで、怒りっぽく、鋭い歯ととがった耳をもつ。島の人びとはエールビールを醸造するが、ショーニーに一杯のビールを供えると、そのお返しに、たくさんの魚と土地を肥沃にする海草をもたらしてくれる。スポニーとも呼ばれる。

ショック
SHOCKS（イングランド）
姿を変えることができる邪悪な妖精、幽霊。たてがみがけばだち、皿のような目をした犬や牝牛の姿であらわれる。ロバの頭をした人間にもなり、意地悪く噛みつくこともある。

シルキー
SILKIES（イングランド北部）
小さな家つき妖精、ブラウニーで、たいていは女である。白色か灰色の絹の衣をまとい、家事を好む。だが、腹を立てたり、悪戯な気分になったりすると、ポルターガイストのような振る舞いをして、怠惰な使用人たちを脅かす。

スパンキー
SPUNKIES（スコットランド、イングランド）
ウィル・オ・ザ・ウィスプの別称で、洗礼を受けていない子供の魂だともいわれる。夏至の日の前夜には、スパンキーが亡くなったばかりの者の魂に会うために、教会にやってくるのがよく見られる。スコットランドのタランと同じものだ。

スプライト
SPRITES
ラテン語のspiritusに由来する。すべての精霊、魂、幽霊を指す。妖精の総称としても使われ、とくに目に見えない者、あるいは、現実には存在しがたいと思われる者を指す言葉。秋の紅葉は、スプライトの仕業である。

スプリガン
SPRIGGANS（コーンウォール）
しわだらけの顔をした小さな妖精で、夜に活動する。緑色の服に赤い帽子をかぶっている。人間か巨人の幽霊だともいわれている。巨人のように体を膨らませ、つむじ風を起こしては、作物を枯らしてしまう。人間の赤子をさらって、ぞっとするような妖精の子と取り替える。矢や槍、投石器を使って宝物を守るが、塩水には弱い。

スルーア
SLUAG（アイルランド）
邪悪な妖精で、亡者の群れ、あるいは呪われた者たちの魂だと考えられており、黒い雲に乗って西からやってくる。罪ある場所に出没する。病人の部屋に彼らを寄せつけないよう、西に面した窓は閉めきっておかなくてはならない。アンシーリー・コートと関係がある。本来は、空の四大精霊であったらしい。嵐を呼ぶ精霊ともいわれる。

スレイ・ベガ
SLEIGH BEGGY（マン島）
マン島の先住民だと信じられている。カラスのような足をもつ小さな裸の妖精だ。地下、河川の土手、水中を棲家とする。競走馬を盗む。銀や灰、塩、エニシダ以外の黄色い花を置いておけば、彼らは家に寄りつけない。

セルキー
SELKIES（スコットランド、オークニー諸島）
マーピープル（人魚）に似た海の妖精で、アザラシの姿であらわれる。彼らはアザラシの皮を脱ぐことができ、美しい女性やハンサムな男性の姿で、海岸にやってきてはダンスを踊る。人間界に棲む者もいて、彼らの世界で一緒に暮らそうと誘われると、たいていはその意志には逆らえない。シルキーとも呼ばれる。

タイルス・テーグ
TWLWYTH TEG（ウェールズ）
白い衣をまとった、金髪の妖精で、地下、あるいは水中にある魔法の庭に棲む。そこから何かをとろうとしても消えてしまう。彼らを支配するのは、グイディオン王とグウェンヒドゥ女王だ。彼らは星に棲み、夜になるとあらわれる。暖炉に暖かい火をくべて、歓迎してくれる家に贈

り物をすることがある。お金を妖精のコインと交換し、それを使おうとすると消えてしまうといわれている。

タラン
TARANS（スコットランド）
イングランドのスパンキーと同じく、天国に行けなくて、地上を永遠にさまよう洗礼を受けていない子供の魂である。彼らに出くわすと、本来は命取りになりかねないが、聖水を振りかけたり、洗礼の祈りの言葉を唱えたりすれば、その魂を救うことができる。

ダンター
DUNTERS（イングランド、スコットランド）
境界の妖精、あるいはパウリーともいう。ピールタワーと呼ばれる古い塔に出没する。いけにえとして、その礎に血をまかれた犠牲者たちの魂だといわれている。彼らは奇妙な音を立てるが、それは死や不幸の前兆である。たいていは亜麻を打つ音や大麦を粉に挽く音だが、ときに、うめき声やけたたましいむせび泣きだったりする。

チャーンミルク・ペグ、メルシュ・ディック
CHURN MILK PEG/MELCH DICK（イングランド）
ペグは女の妖精、ディックは男の妖精。小さなドワーフで、農民の格好をしている。ナッツやフルーツのなる茂みや木々を守っていて、それを盗もうとする人びとは不快な症状に悩まされる。アコーン・レディ、メルシュ・ディックとも呼ばれる。

ティー・フェアリー
TIGHE FAERIES（マン島）
スコットランドの家つきブラウニーの親類で、夜のあいだに家事をしてくれる。しっかり暖炉の手入れをして、動物たちの世話もしてくれる(しかし、猫がいる家には棲めない)。大きな音、それから高い報酬を嫌うため、労働の見返りとして、食べ物と飲み物しか受け取らない。

ディンシェンハス
DINNSHENCHAS（アイルランド）
姿を変えることができるドワーフで、アイルランドの妖精の女王アーネに仕える。家畜の牛を守っており、男性に乱暴されたり傷つけられたりした女性の恨みをはらす。

デーヴァ
DEVA（マン島、イングランド）
ペルシアに由来する。デーヴァとは「輝ける者」を意味し、輝く光としてあらわれる。金色の妖精、あるいはカラフルなローブをまとった自然の精霊だ。彼女たちは恥ずかしがり屋で、自然を愛し、木々や湖

かれた少数の選ばれた者たちで、彼らの王国フィンフォーカヒームを建てたという。草でおおわれた理想郷で、その庭では、美しく輝くほどの色とりどりの花、青々とした草木が育てられている。海の庭師、レディス・オウンとも呼ばれている。

ヒンキー・パンク
HINKY-PUNK（サマセット、デヴォン）
ウィル・オ・ザ・ウィスプの別のバージョン。サマセットとデヴォンの境界あたりで見られる。一本足で明かりをもち、沼地へと導くという。コーンウォールで見られるハンキー・パンキーに似ている。

フーア
FUATH（アイルランド、スコットランド）
水の妖精で、たいていは邪悪である。人間に似ていて、緑色の衣服を着ているが、体は黄色い毛でおおわれている。ときに、黄色いたてがみがある。足指には水かき、尻尾があり、目は大きいが、鼻はない。ときに、人間を配偶者とする。太陽の光を嫌い、冷たい鋼鉄によって死に至る。

プーカ
PHOOKA（アイルランド）
アイルランドのホブゴブリンで、さまざまな姿であらわれる。半身が人間、半身が馬の姿、ボロをまとった老人の姿、山羊や馬、犬、牡牛、鷲の姿など。農作業や粉挽きを手伝ってくれるが、旅人に悪戯をしかけたり、ジャガイモや赤子を盗んだりする。酔っ払いの夢にあらわれたり、家畜の牛を殺したりもする。

ブーガノド
BWGANOD（ウェールズ）
ウェールズのゴブリンで、どんな動物にも人間の姿にも変身できる。ただし、夕暮れのほんの少しの時間にかぎられる。危険でもなければ、人間に害を与えることもない。哀れな人間たちをからかったり、怖がらせたりするだけだ。

フーキー
HOOKIES（イングランド）
リンカンシャーで妖精を指す語。

ブーク
POUQUES（チャンネル諸島）
イングランドのパックと同じもので、悪魔とつながりがある。パースニップの花でいっぱいの手押し車を引いている姿がよく見られる。むさくるしい服を着ていて、身長は低い。力があって、毛深くて醜く、長い腕をしている。親切でよく働く家つき妖精で、牛の乳を好む。だが、たくさんの供え物をすると、怒って消えてしまう。女の妖精は、亜麻の布を織ってくれる。

ブーブリー
BOOBRIE（スコットランド）
体高30センチほどの黒い水鳥で、大きな鋭い鉤爪をもつ。水上を飛び、水中を泳いでは、羊や牛を運ぶ船を探す。そして、水中に引きずりこんで、食べてしまう。魚を取るときには、その1メートルほどのくちばしを使う。

フェアリー
FAIRY
妖精の意。フランス語のfée（フェー）から生じた語で、「魔法」を意味するラテン語fatareに由来する。英語では本来、fays（フェイ）と呼ばれていたが、のちにfaerieがlittle folk（リトル・フォーク、小さな人びと。妖精を意味する）を表す言葉として使われるようになった。かつては、その名を直接呼ぶと、彼らの機嫌を損ね、不幸がもたらされると考えられていた。そのため、リトル・ピープルなど、婉曲表現を使うほうがよいとされた。fayerye、fairye、fayre、faeryも同じくfairy（フェアリー）を意味する。

フェイアリー・ドレイク
FIERY DRAKE（イングランド）
ヨークシャー地方のピーク・ディストリクトに出没する。鉱夫を豊かな鉱脈に導いてくれるという炎の玉。

フェイ・ブーランジェ
FÄEU BOULANGER（ガーンジー）
ウィル・オ・ザ・ウィスプの別バージョンで、火の玉のかたちであらわれる。隠された宝物を守る呪われた者たちの魂だといわれている。自分の方へ向かって火の玉が回転しながら飛んできたら、着ている衣服を裏返しにするとよい。そうすれば、火の玉は消えてしまうだろう。

フェッチ
FETCH（イングランド、スコットランド）
生霊（いきりょう）。自分とうりふたつの妖精。自分の生霊に出くわすと、それは死の前触れだといわれている。ドイツのドッペルゲンガーに似ている。

フェハグ
FEATHAG（マン島）
マン島の妖精。ニワトコの木に棲み、どこかでニワトコの木が切り倒されるとみなで嘆く。

フェリアー
FERIERS（サフォーク）
妖精の別称。

フェリー
FERLIES（北イングランド）
イングランド北部で使われる、妖精の別称。

フェリシャー
FERISHERS（サフォーク）
サフォークで妖精を指す語。

フェリシュ
FERISH（マン島）
農作物の収穫を手伝ってくれる、家つき妖精。人間の赤子をさらっては、妖精の子と取替えるともいわれている。

フェル・シー
FEAR SIDHE（アイルランド）
アイルランドのゲール語における、男の妖精の総称。フィル・シー、ファー・シーとも呼ばれる。

フェル・シーン
FEAR SIDHEAN（スコットランド）
スコットランド高地で男の妖精を指す語。

フォーモール族
FORMORIANS（アイルランド）
奇妙に歪んだ姿をもつ海の生き物で、その額の真ん中にはひとつの目、三列に並ぶ鋭い歯がある。腕も脚も一本ずつだ。トゥアサ・デ・ダナーン（61頁参照）によって、海へと追放された妖精族の末裔である。夜間のみ、海岸にやってくる。

プカ
PWCA（ウェールズ）
イングランドのパックとつながりがある。頭は鳥で、全身はおたまじゃくしに似ている。家つき妖精であり、ウィル・オ・ザ・ウィスプでもある。悪戯者。

ブキオド
BWCIOD（ウェールズ）
小柄でやせていて、紫色の瞳、長くてとがった鼻と指、大きな足という姿をしている。それでも動きはすばやく、めったに人間の目にとまることはない。火を好み、暖かくて居心地のよい家を棲家にする。邪魔をしたり、ひどい悪夢を見させたりする。

ブバッハ
BWBACHS（ウェールズ）
小柄で太った、家つき妖精。単独であらわれる。赤い帽子に腹巻、毛皮を着ている。悪戯好きだが、基本的には善い妖精だ。敬意をもって接し、食べ物をきちんと供えれば、望まざる訪問者から家を守ってくれる。だが、友人や家族まで追い払ってしまうこともある。

ブラウニー
BROWNIE（スコットランド）
リトル・マン、家つきブラウニーとも呼ばれる。その人間が善人であって、助ける甲斐があると判断したら、この小さな男の妖精は家の居心地のよい場所に移り住んでくる（暖かくて、猫がいなければ、だ

が)。黒い瞳にとがった耳、長い指をもつ。フェルトの帽子をかぶり、茶色か青色、または緑色の衣服を着ている。そして、牛の乳やはちみつ、エールビール、ケーキなどの供え物のお返しとして、悪霊を寄せつけないようにしたり、食べ物や薪を調達してくれたりする。ときには、ちぐはぐな靴を作ってくれる。活動するのは、夜のあいだである。また、よい意味ですこし不器用なスコットランドのドビーを別にすれば、彼らの一族には高い知性がある。英国ではホブ、デンマークではディース、ロシアではドモヴォーイ、北アフリカではユンボー、中国ではカオ・ブム・ファイと呼ばれている。

ブラウン・マン
BROWN MEN（コーンウォール）
スコットランドのブラウニーとつながりがある。ブラウン・マンはやせて腕が長い赤毛の小さな男の妖精だ。コーンウォールにあるボドミン・ムーアの自然を守り、癒すことに専念している。茶色の服をまとっているため、自然のなかでは見分けがつかない。人間の目に触れないようにしているのだろう。

ブラック・アンガス
BLACK ANGUS
（イングランド、スコットランド）
クー・シー（妖精犬）、あるいはバーゲストともいう。ウェールズのクーン・アンヌーンに相当し、夜のあいだ、沼地や荒地を歩いている姿が見られる。ギラギラとした黄色い目、鋭い牙、湿った肉球をもつ大きな黒犬で、イングランド北部やスコットランドの田園地方を徘徊する。夜行性だが、その姿を見た人間は2週間以内に死ぬ。スコットランド低地では、角があるといわれている。

プラント・リス・ドゥヴェン
PLANT RHYS DWFEN（ウェールズ）
リス・ザ・ディープの一族。正直で親切な、小さくて愛らしい妖精で、魔法のハーブのせいで目には見えないリス・ドヴェンが治める国に棲んでいる。半分は人間の血が入っていて、とても正直でやさしい。相場でもうけて豊かに暮らしている。

フリデン
FRIDEAN（スコットランド）
岩の下に棲む妖精で、スコットランドの道を守っている。パンや牛の乳などを供えれば、安全な旅を約束してくれる。

ブルー・ハグ
BLUE HAG
青い妖婆。ケラッハ・ヴェールを参照。ボーカン（スカイ島）とも呼ばれる。中世の時代から、人間を襲ったり、殺めたり、夜の旅人を八つ裂きにしたり、そんなこと

ばかりをしてきた邪悪な生物である。

フレアリー
FRAIRIES（イングランド）
妖精の別称。

ペッホ
PECH（スコットランド低地）
地下に棲む妖精で、赤い髪に長い腕と大きな足をもつので、逆立ちをすると、雨を避けることができる。彼らは一晩で、スコットランドの古い城や教会を建てたという。ピクトとも呼ばれる。

ヘンキー
HENKIES
（シェットランド諸島、オークニー諸島）
トローの別称。小さくて、グロテスクな小さきものは、足を引きずりながら歩いたり、踊ったりする。ひざを抱いて手を握りしめ、奇妙なダンスを踊る。

ベン・ニーア
BEAN-NIGE（スコットランド）
洗濯女を意味する。コーンウォールのカイライスのように、十字路や小川で手を洗う。アイルランドのバン・シーに相当するスコットランドの妖精。

ポーチュン
PORTUNES（イングランド）
もっとも古いイングランドの妖精。3センチにも満たないほどの小さな、しわだらけの男の妖精だ。つぎはぎをした外套を着ている。レプラホーンのように悪戯が好きで、宝物を守っている。もし捕まえられたら、願い事をかなえてくれる。

ポーベル・ヴィーン
POBEL VEAN（コーンウォール）
小さな人びと、イングランド南西部の妖精。女の妖精は金髪で、美しいレースに飾られたクリノリン地の衣服をまとい、宝石やとんがり帽子を身につけている。男の妖精は、浅黒い肌をしていて、青色か緑色の服を着ている。そして銀の鈴がついた三つのとんがりのある帽子をかぶっている。みな、茶色の瞳をもち、若々しい。天国に行けなくて地上にとどまった人間の魂で、どんどん縮んでゆき、やがて消えてしまうといわれている。彼らの姿は頭に四葉のクローバーをつけた人間にしか見ることはできない。

ボガート
BOGGART（スコットランド）
小柄でずんぐりとした男の妖精。家事をしてくれるブラウニーとは異なり、喜び勇んで家のなかを駆けずりまわっては、大騒乱、破壊、大惨事を引き起こす。たいていは人びとが眠っているあいだに活動する。食べ物を奪ったり、寝ているとき

に窒息させようとしたり、好んで子供たちを苦しめる。北イングランドでは、パッドフット、ホブゴブリンとしても知られ、旅人をおびえさせて楽しんでいる。また、この妖精に触れられると毒がまわってしまう。ゴブリン、ブーギー・マン、ブーギー、ゴブとも呼ばれている。

ホグボーイ
HOGBOY（オークニー諸島）
ホグブーンともいう。謎に包まれた存在で、オークニー諸島の小丘に棲む。エールビールや牛の乳の供え物のお返しに、トローからペットや家畜を守り、農具の修繕をしてくれる。うっかり小丘を壊したり、場を乱したりすると、灰色の小人ホグボットとしてあらわれ、その人間を攻撃する。

ホッジポーチャー
HODGEPOCHER（イングランド）
イングランドの家つき妖精、ホブゴブリン。

ホデキン
HODEKIN（イングランド）
森のエルフ。ロビン・フッドの別称。

ホブゴブリン
HOBGOBLINS
（イングランド、スコットランド）
イングランドの一般的な家つき妖精、暖炉の精霊。暖炉や料理用レンジのそばなど、暖かくて居心地のよいところを好む。3センチから6センチほどで、浅黒い肌に何も身につけていないか、茶色のボロボロの衣をまとっている。たいていは友好的で役に立ち、人間にも慣れており、とくに農作業を好む。けちな人からは好んで物を盗み、宝物を守ってくれるといわれている。スコットランドのホブゴブリンは姿を変えることができて、しばしばブラッグと呼ばれる。また、ホブ・ゴブ、トム・ティット、ロビン・ラウンド・キャップ、ホブスラッシュ、ゴブリンの馬丁（クリーム）、ホブマン、ホブとも呼ばれる。

ホブヤー
HOBYAHS（イングランド、スコットランド）
邪悪なゴブリンで、子供を誘拐したり、人間を奴隷にして鉱山で金を掘らせたあげくに、食べてしまったりする。すべて黒妖犬（ブラッグ・ドッグ）に食べられてしまったので、今日ではもう見られないという。

ホワイト・ドビー
WHITE DOBBIE
（スコットランド、イングランド）
魂を失った、弱った人間のような姿で、白い汚れた外套を羽織っている。赤い目をギラギラと光らせた白ウサギをいつも連れている。

ホワイト・レディ
WHITE LADY

白婦人。幽霊、妖精ともいわれる。この幻影のような精霊は世界中で地霊として知られ、泉や井戸、河川、橋の番人である。アーサー王伝説に登場する王妃グウィネヴィア（Guinevere）と同義語で、もとの形である Gwenhwyvar は、白い幽霊を意味する。アイルランドの白い幽霊「バン・イン（Bean Fion）」は「ホワイト・レディ」と同じ意味。

マーメイド
MERMAIDS（スコットランド、イングランド、アイルランド）

人魚。マーマン、マーピープルとも。頭と胴体は人間で、腰から下は魚である。ときにおぼれた人間を助けたり、安全に船を導いたりする。海中の岩の上で鏡をのぞきこんで、長い髪をくしでとかしながら、甘い声で歌う姿がよく見られる。男性を誘惑して結婚するが、そうすると魂を取られてしまう。一方、マーマンは、緑の髪の醜い妖精で、嵐や干満の潮の流れを引き起こし、人間をおぼれさせてはむさぼり食う。そして彼らの魂を盗む。人間の女性とは結婚しないが、自分の子を食べるといわれている。スコットランドの ブルーマン（青い亡霊）は、船に岩を投げつけたり、嵐を引き起こしたりするマーピープルだ。しかし、彼らを混乱させる詩を唱えると退散する。メリーメイド、マーワイフ、マーウーマンとも呼ばれる。

マイデン・マラ
MAIGHDEAN MARA（スコットランド）

マイジャン・ナ・トゥイナともいわれる。マーメイドのこと。

魔女（ウィッチ）
WITCH

ときにハグとも妖精ともされる。魔法の力やハーブや薬についての神秘的な知識をもつという。呪文を唱えれば、ほうきやサワギクの茎にまたがって、空を飛ぶことができる。糸車のそばに座って、善い呪文、悪い呪文を唱えている姿がよく見かけられる。男を惑わすために変身し、魔法をかけて彼らを連れ出す。

マブ
MAB（ウェールズ、イングランド）
ウェールズの妖精の女王、女神であるエサソンとして、もっともよく知られている。シェイクスピアの「ロミオとジュリエット」では、ふたりの魔法と夢の「産婆」として描かれている。

マナナーン
MANANNAN（マン島）
マン島の妖精の長。無敵の剣と甲冑に身を包んだアイルランド海の神。アイルランド島の守り神で、その名づけ親でもある。トゥアサ・デ・ダナーンが敗北したとき、マナナーンは、彼らに殺して食べても翌日には生き返る魔法の豚を与えた。

マル・ド・メール
MAL-DE-MER
（コーンウォール、フランスのブルターニュ）
フランス語で、「海の悪魔」、または「海の病魔」を意味する。夜に輝く光で船を照らし、水夫たちに安全な港へ向かっていると思い込ませて、岩礁へと誘いこむ。そして、死んだ水夫たちの魂を集めるのだ。

ムリアン
MURYANS（コーンウォール）
蟻を意味する。コーンウォールでは、古代の異教徒の魂、あるいはドルイド僧の魂だと信じられている。天国と地獄のあいだで立ち往生して、蟻の大きさに縮んでしまったというのだ。そして、変身をくりかえすごとに力と身長を失ってゆき、やがて消えてしまった。

メロー
MERROW（アイルランド）
モルアー、ムルグッハともいう。マーピープルと同じもの。上半身が人間で下半身は魚である。男のメローには、緑色の髪と緑色の歯に、赤い鼻、豚のような目、ひれのような短い腕がある。女のメローは水かきのついた手指をもつ、美しい姿をしている。

モルガン・ル・フェ
MORGAN LE FAY
アーサー王伝説によると、アヴァロンの支配者である。美しく力の強い水の妖精で、どんな動物や鳥にでも姿を変えることができる。今にも息絶えそうなアーサー王を船でアヴァロンに連れ帰った。

ヤースキン
YARTHKIN（イングランド）
アース・キンともいう。イースト・アングリアの大地の妖精、水の妖精。

ヤレリー・ブラウン
YALLERY BROWN（イースト・アングリア）

妖精のなかでも、おそらくもっとも性質が悪い。ヤースキンの一族。このヤレリー・ブラウンは自らの黄を帯びた茶色の髪とあご髭にからまって、石の下で動けなくなっていた。立ち止まってヤレリー・ブラウンを助けると、残りの人生に不幸がもたらされる。

善きお隣りさん
GOOD NEIGHBOURS
（スコットランド、イングランド、アイルランド）
妖精を指す。

ライ・アーグ
LY ERG（スコットランド）
兵士の格好をした、小さな妖精。歩みを止めて血まみれの右手を挙げ、挑発してきたら逃げ出すほかない。戦おうものなら、2週間以内に死んでしまう。

ライネック
WRYNECK（ランカシャー、イングランド）
悪魔よりも性質が悪いといわれる、悪の精霊、妖精。

リトル・ダーリン
LITTLE DARLINGS
妖精を指す婉曲表現。リトル・フォーク、リトル・ピープルともいう。

リャナンティシー
LUNANTISHEE（アイルランド）
月の妖精で、ブラックソーンの茂みを守っている。髪のない年老いた男で、とがった耳に長い歯、そして長い腕に長い指をしている。月光のもとでダンスを踊ることを愛する。ケルトの祭日サウィン（万聖節の起源、11月1日）や、ベルテーン祭（五月祭の起源、5月1日）にうっかり藪を切りはらおうものなら、その人は罰を受ける。

リャノーン・シー
LEANAN SIDHE（アイルランド）
美しく魅惑的な妖精の女主人、あるいはヴァンパイアの妖精。ふつうは女の妖精である。恋人にしか姿は見えないが、彼には詩や音楽のすばらしいインスピレーションが与えられる。戦さでも力が授けられ、功績をあげさせる。しかし、恋人になると人間界では寿命を縮めてしまうともいわれている。

レシー
LESIDHE（アイルランド）
森の番人で、たいていは単独であらわれる。夜行性で木の葉で偽装しており、移動するときだけ目に見える。人間や鳥の鳴き声を真似て、旅人を惑わしては、道に迷わせる。自然を大切にしないと仕返しをする。

レッド・キャップ
RED CAP (スコットランド)
赤帽子。アイルランドでは、フィル・ラリグとして知られている。意地悪でやせこけた白髪まじりの老人で、単独であらわれる。その帽子は人間の生血で染められている。なめし皮のような皮膚に白髪の混じった長い髪、牡鹿の歯をもち、がりがりの腕には長い鉤爪がある。がっしりとした長靴をはいて、杖を携え、城跡や石塚を守っている。侵入者を木製の大鎌で攻撃する。十字架を掲げると、鉤爪か歯を残して消えてしまう。

レッド・シャンク
REDSHANKS (サマセット)
赤すね。パイプをくゆらせている妖精で、サマセットのドルベリー・キャンプのそばで殺されたデーン人の魂だといわれている。

レディ・オブ・ザ・レイク
LADY OF THE LAKE
湖の貴婦人。ヴィヴィアンヌ、ニミュー、ニニアンと呼ばれることもある。アーサー王伝説では、美しい水の妖精で、母親からランスロットをさらって、水中の王国でたくましい男に育てた。そして魔法の剣アロンダイトを与えた。

レプラホーン
LEPRE CHAUN (アイルランド)
小さな男のドワーフで、緑色の服に銀ボタンのベスト、革のエプロン、青い靴下を着け、銀のバックルをつけた靴をはいている。三角帽子、または三つのとんがりがついた帽子をかぶっているが、彼らはそれを逆さまにして、くるくる回すのだ。ウィスキー、タバコ、音楽、ダンス、キツネ狩り、謎かけを愛する。またルホルバーン、ラバーキン、ルーリカーンとも呼ばれる。

ローン
ROANE (アイルランド、スコットランド)
スコットランドの島じまやアイルランドにいるアザラシの妖精の一族。セルキーに似ているが、より親切で穏やかである。

ロビン・グッドフェロー
ROBIN GOODFELLOW (イングランド)
人間の男性の頭、山羊の体をしている。パックやパン、ジャック・ロビンソンとしても知られている。Before you can

say Jack Robinson. という成句があり、「あっという間に、たちまちの」という意味である。父親が妖精、母親は人間だ。

ロビン・フッド
ROBIN HOOD（イングランド）
森のなかに棲み緑色の服を着ている。富める者から盗み、貧しきを助ける。実在の人物だと考えられることもあるが、自然の精であろう。ロビン・グッドフェローやパックと同じもの。

ロブ
LOB（ウェールズ、イングランド）
家つき妖精で悪意や口論を好む。小さな黒い雲のような姿に描かれることもある。やっきとなってトラブルを起こそうとしたり、人間の不幸を喜んだりする。だが、あまりに怠惰なためそれほどわずらわしいことにはならない。ロブ・ライ・バイ・ザ・ファイアー（炉端のロブ）、ラバード・フィーンド、ラバー・フェンドとも呼ばれる。

ロリヤック
LOIREAG（ヘブリディーズ諸島）
強情でずる賢い小さな水の妖精。白い衣をまとい、織物を守る。織機の整経や、織物を織ったり洗ったりするさいの伝統や儀式をおろそかにする者を懲らしめる。音楽を愛し、機織りが完璧に歌わないと怒り出す。

ワグ・バイ・ザ・ウェイ
WAG BY THE WAY（スコットランド）
街道のワグ。スコットランドの貴族のために道を守る妖精。

ワグ・アト・ザ・ワ
WAG-AT-THE-WA'（スコットランド）
鍋かけゆらし。スコットランド低地の裏道を守っくいる。醜い小さな老人で、足は曲がり、長い尻尾がある。青いズボンに灰色の服を着て、赤い外套を着ている。いつも歯痛に悩まされていて、眠るときにかぶるナイトキャップを顔のまわりに巻いている。強い酒を好まない。

著者 ● ポール・ジョンソン
作家、古代史研究家。ルーン文字や妖精伝説が専門。
『ルーン文字 ― 古代ヨーロッパの魔術文字』(創元社) など著書多数。

訳者 ● 藤田優里子 (ふじた ゆりこ)
英文訳者。
訳書に『ルーン文字 ― 古代ヨーロッパの魔術文字』
『黄金比 ― 自然と芸術にひそむもっとも不思議な数の話』(創元社) など。

リトル・ピープル ピクシー、ブラウニー、精霊(せいれい)たちとその他(た)の妖精(ようせい)

2010年4月10日第1版第1刷発行

著 者	ポール・ジョンソン
訳 者	藤田優里子
発行者	矢部敬一
発行所	株式会社 創元社 http://sogensha.co.jp/
本 社	〒541-0047 大阪市中央区淡路町4-3-6 Tel.06-6231-9010 Fax.06-6233-3111
	東京支店 〒162-0825 東京都新宿区神楽坂4-3 煉瓦塔ビル Tel.03-3269-1051
印刷所	図書印刷株式会社
装 丁	WOODEN BOOKS／相馬光 (スタジオピカレスク)

©2010 Printed in Japan
ISBN978-4-422-21477-1 C0322

<検印廃止>本書の全部または一部を無断で複写・複製することは禁じます。
落丁・乱丁のときはお取り替えいたします。